O Triângulo Divino

Uma Jornada Espiritual

Alexandre Molero Muniz
Pelo Espírito Ricardo

O Triângulo Divino

Uma Jornada Espiritual

MADRAS

© 2019, Madras Editora Ltda.

Editor:
Wagner Veneziani Costa

Produção e Capa:
Equipe Técnica Madras

Revisão:
Silvia Massimini Felix
Arlete Genari

Dados Internacionais de Catalogação na Publicação (CIP)
(Câmara Brasileira do Livro, SP, Brasil)

Ricardo (Espírito).
O triângulo divino : uma jornada espiritual/pelo espírito Ricardo ; [psicografia] Alexandre Molero Muniz.
São Paulo: Madras Editora, 2019.

ISBN 978-85-370-1225-3

1. Espiritismo 2. Espiritualidade 3. Orientação espiritual 4. Psicografia 5. Vida espiritual
I. Muniz, Alexandre Molero. II. Título.

Índices para catálogo sistemático:
1. Mensagens psicografadas : Espiritualismo 133.93
Iolanda Rodrigues Biode - Bibliotecária - CRB-8/10014

É proibida a reprodução total ou parcial desta obra, de qualquer forma ou por qualquer meio eletrônico, mecânico, inclusive por meio de processos xerográficos, incluindo ainda o uso da internet, sem a permissão expressa da Madras Editora, na pessoa de seu editor (Lei nº 9.610, de 19/2/1998).

Todos os direitos desta edição reservados pela

MADRAS EDITORA LTDA.
Rua Paulo Gonçalves, 88 – Santana
CEP: 02403-020 – São Paulo/SP
Caixa Postal: 12183 – CEP: 02013-970
Tel.: (11) 2281-5555 – Fax: (11) 2959-3090
www.madras.com.br

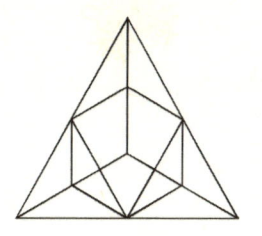

SUMÁRIO

Apresentação 7

Capítulo 1
Escolhas Erradas 9

Capítulo 2
O Resgate 17

Capítulo 3
A Cidade Espiritual Triângulo Divino 23

Capítulo 4
O Grande Vértice Central 35

Capítulo 5
A Jornada se Inicia 43

Capítulo 6
Resgatando uma Vida 57

Capítulo 7
Uma Amizade Antiga, o Encontro com um Guardião 61

Capítulo 8
O Grande Salão 67

Capítulo 9
A Inversão do Destino 77

Capítulo 10
A Grande Batalha 83

Capítulo 11
Uma Tarefa Bem Cumprida. 93

Capítulo 12
O Círculo de Evolução do Ser 99

Capítulo 13
O Reencontro 107

Capítulo 14
A Iniciação de Márcia 125

Capítulo 15
Recebendo Bênçãos 131

Capítulo 16
Resolvendo o Passado 141

Capítulo 17
Sara 147

Capítulo 18
Epílogo – Novos Horizontes 157

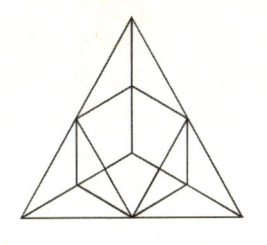

APRESENTAÇÃO

Cidades espirituais, já li vários livros de diversos autores que falam sobre esse tema. Desde menino, perguntava-me se tudo era tão parecido da forma que narravam, exatamente como acontece no plano terrestre, somente com algumas particularidades.

Aprendi, com o passar dos anos e com o intercâmbio com a própria espiritualidade, que aqui é uma cópia bem inferior do plano espiritual, e muito aquém do que ela possui de possibilidades.

Por causa disso, questionava a todo instante tudo que me chegava de leitura, pois sabia que a espiritualidade era muito rica e muito diversificada, tanto em tipos de aprendizado como em forma de vivê-la.

Eu sempre carreguei essa certeza dentro de meu ser, como se já tivesse experienciado algo maior antes de reencarnar. E com o passar dos anos, meu amadurecimento, através das vivências religiosas diversas e contato com pessoas, com as mais variadas formas de lidar com o espiritual, comecei a ter mais e mais certeza de que o que carregava dentro de mim, conceitualmente, estava certo.

E tudo isso se fundamentou após a abertura de minha casa espiritualista e a chegada de novos conceitos espirituais, totalmente diferentes do que já havia vivenciado até então, principalmente dentro da Umbanda e do Kardecismo.

Em um dia de trabalho espiritual, na mesa, após vários espíritos deixarem mensagens, sinto a aproximação de mais um que começou a contar sua história. Até então não conseguia visualizá-lo em minha tela mental. Só que esse era diferente, sua energia me tocou profundamente, e ele não queria parar, eu percebia que ele queria escrever muito mais, mesmo após ter escrito praticamente o primeiro capítulo inteiro deste livro.

Devido ao teor do primeiro capítulo e por não conseguir visualizá-lo, somente senti-lo, pensei ser esse um espírito diferenciado, que veio relatar suas experiências de vida. Jamais passou por minha cabeça que essa história se tornaria um livro.

Estávamos já no fim dos trabalhos e todas as energias se retiraram. Ao término, guardei as mensagens nas pastas e fui para minha casa.

Eis que alguns dias depois, esse espírito retornou, apresentou-se como Ricardo e disse que precisava terminar de contar sua história, e ela se tornaria um livro.

Confesso que fiquei relutante no começo, mas com o passar do tempo e o desenrolar da história, fiquei agradecido por poder fazer parte daquele momento e servir de medianeiro para aquele irmão.

O livro fala sobre sua jornada, mas também nos abre os horizontes para novas possibilidades espirituais, juntamente com a descrição de uma cidade espiritual única, tanto em sua diversidade quanto em possibilidades.

Permita-se conhecer novas realidades, precisamos expandir nossos conhecimentos e abrir a mente para uma espiritualidade nova e avançada. Como dizem, a nova era está aí, e o aprimoramento de nossas consciências se torna imperativo no atual estágio evolutivo em que se encontra a raça humana.

Aliás, deixo uma dica: leiam mais de uma vez, pois vocês notarão fatos que se conectam entre o passado e o presente, situações essas sutis.

Espero que gostem e sejam abraçados pela grande cidade espiritual TRIÂNGULO DIVINO.

Alexandre M. Muniz

Capítulo 1

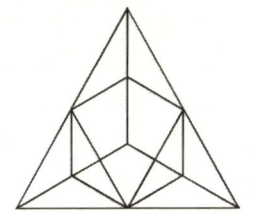

Escolhas Erradas

Eu me chamo Ricardo, e venho relatar como minhas escolhas erradas, em minha última existência no plano terrestre, atrapalharam meu crescimento e evolução pessoal.

Do interior de Minas, ainda pequeno nos mudamos para a antiga São Paulo, em uma das cidades que rodeiam a grande metrópole. Tive uma infância relativamente tranquila mas com suas marcas, pois minha mãe nos deixou quando eu tinha 10 anos. Éramos somente eu, meus dois irmãos e meu pai, que nunca mais se casou, tendo a árdua tarefa de trabalhar dia e noite para sustentar a casa, mas seus esforços valeram a pena, todos os três meninos bem criados, eu estudei somente até o ensino propedêutico, mas meus dois irmãos, um se formou em advocacia e outro em veterinária. O tempo passou, cada um foi para o seu caminho e eu acabei me mudando para outra cidade, maior e mais próxima de São Paulo, graças ao emprego que havia conseguido, isso em 1962, quando eu tinha 25 anos. Aos 28 anos me apaixonei por uma garota dez anos mais velha, mas quis a vida que nossos destinos fossem separados.

Ao conhecê-la, meu mundo virou de cabeça para baixo, tudo era para ela e por ela.

Infelizmente, o destino tinha planos mais duros para nós.

Sara morava a dois quarteirões de minha casa, nós nos encontramos a primeira vez em um bar, ela sempre rodeada de amigos, festeira e eu mais tímido. Mas quando nossos olhares se tocaram, foi algo avassalador, senti que aquela mulher iria fazer parte de minha vida e estava disposto a correr todos os riscos.

É engraçado quando a espiritualidade planeja certos encontros, para a realização de algo maior. Você sente na alma que precisa entrar no processo, que necessita realizar o que seu coração pede, não é algo que você simplesmente olha, pensa e passa. Ocorre um tipo de chamado, e os fios que devem nos unir ficam mais fortes, puxando-nos para o inevitável. O erro está justamente em não compreender o momento de cortar esses fios.

Eu a conheci, e, apesar de ser mais velha, adorava estar na companhia de amigos, de vida noturna, baladas, gostava de chamar a atenção e de ser o centro delas.

Conversávamos todas as vezes, e minha atração ia aumentando a cada encontro, mas ela sempre me tratando superficialmente, o que me deixava com mais vontade de namorá-la.

Após alguns meses e inúmeras tentativas, ela cedeu e começamos a namorar. Tínhamos algumas coisas em comum, gostos por música, por literatura, mas o que me enciumava era o fato da vida que ela levava, rodeada de homens e mulheres, o que me fez tentar mudar esse quadro, eu a queria para mim, queria uma família e não essa vida noturna que estava se tornando cansativa, afinal ela era minha namorada. Eu comecei a questioná-la sobre ir morar junto e constituir família, mas ela se esquivava, dizendo que ainda não era a hora, que ela não estava pronta, que gostava da companhia dos amigos. Mas como sempre tive uma personalidade insistente, acabei convencendo-a, e após alguns dias ela já estava dentro de minha casa definitivamente.

Posso dizer que os dois primeiros anos de convivência sob o mesmo teto foram relativamente tranquilos, já não íamos tanto para os bares e, assim, começamos a viver uma vida de casal comum. Eu trabalhando em um banco e ela secretária de uma empresa.

Mas o tempo é o grande chamador para a real tarefa, e aos poucos Sara foi alterando sua forma de ser. Começou a se tornar agressiva nas palavras, dizia que a culpa era minha por ela ter perdido os amigos, que estava ficando cansada daquela vida monótona, e assim começaram a ser nossos dias, cheio de discussões e agressividade.

Após três anos juntos, ela já não era aquela mulher que eu havia conhecido, e aquela minha flor, que guardava em uma redoma, foi perdendo suas pétalas.

Brigas, discussões, ciúmes, quase todas as noites ela me cobrando, dizendo que eu havia acabado com sua vida, que aquilo não era o que ela tinha desejado. Sara me acusava de coisas sem sentido, na verdade eram cobranças inconscientes de um passado remoto. Brigas e mais brigas.[1]

Se pudéssemos ver, notaríamos a quantidade de espíritos trevosos que estavam dentro de nossa casa, insuflando ideias de desordem, desconfiança. A cada momento, eles riam e falavam aos nossos ouvidos.

– Larga a mão de ser trouxa, Ricardo, ela quer sair para encontrar com outros caras! Você não vale mais nada para ela.

Outro no ouvido de Sara:

– Vamos, você já foi feliz antes desse cara! Volte à sua vida, você está morrendo aqui, feliz foi quando você era o centro de todos que lhe conheciam, hoje, está aí, virou uma mulher do lar![2]

E assim, essas ideias entravam em nosso mental, como pensamentos, aumentando a raiva que estávamos tendo um contra o outro.

Até que um dia, um carro parou à porta, e um rapaz a esperava dentro. Ela, sem muitos rodeios, disse que queria a separação e saiu, dando-me as costas. Falou que voltaria muito tarde, que não a esperasse, pois amanhã bem cedo iria embora.

Aquilo para mim foi o fim do mundo, fiquei sem chão, e antes que pudesse retrucar e gritar para ela ficar em casa, a porta se fechou em uma batida levada por toda a raiva do momento.

Espíritos à minha volta riam e gritavam:

– Hahaha, sofra, maldito! O mal que você nos fez no passado, hoje você pagará, cada centavo, hahaha.

De repente, uma tontura me invadiu o corpo e, se eu não me segurasse, cairia desmaiado. Sentei, respirei fundo e comecei a pensar sobre o que estava acontecendo.

Meu ódio cresceu à medida que via minha ideia de família ser desmoronada, pensei: "Maldita, está me fazendo de trouxa, isso não vai ficar assim".

---

1. Apesar de em cada encarnação esquecermos nossas vidas passadas, podemos ter emoções que são despertadas através de gatilhos das experiências vividas que possam nos conectar de alguma forma com situações do passado.
2. Processos obsessivos são mais comuns do que imaginamos. Uma forma muito usada é a indução da vontade através da influência psicológica, fazendo o alvo absorver todas as ideias passadas e a perceber com sendo suas.

E os seres das trevas que me acompanhavam mostravam imagens de traição da Sara com outro rapaz em meu mental, e em seguida imagens de assassinato. Insinuavam situações nas quais eu dava fim a todo aquele sofrimento matando-os. E eu recebia essas sugestões nitidamente em meu mental, devido à intensa sintonia originada no desequilíbrio manifestado pela energia de ódio, e pela minha fraqueza espiritual, por não ter uma base de conhecimento das leis universais do espírito naquela vida.

O sugestionamento através das imagens continuava:

– Isso!!! Dá cabo nela de vez, e depois se mate!!! A essa hora ela deve estar nos braços daquele playboyzinho que veio buscá-la. Além de tudo você é corno! Hahaha.

Totalmente desequilibrado e dominado pelos seres das trevas, busquei a arma que estava guardada em nossa gaveta, e esperei pacientemente, sentado à porta, com meu ódio crescendo a cada minuto, dominado por instintos primitivos e influenciado pelos seres que estavam voando e rindo ao meu redor.

Quando ela retornou, por volta das 4h30, fui até o carro e, sem esperar abrir a porta, dei um tiro certeiro em ambos, matando-os instantaneamente. Logo em seguida os seres, rindo, começaram a gritar em meu ouvido:

– Agora se mate, seja rápido, vamos, estamos lhe esperando, maldito!

Coloquei a arma em minha garganta e, chorando muito, não consegui disparar, por um segundo percebi toda a besteira que havia cometido e que iria cometer, e assim abaixei a arma. Se pudesse ver, naquele instante havia um espírito que, triste, irradiava luz dourada sobre meu mental, devolvendo por alguns segundos minha razão e não permitindo que eu executasse mais um erro em minha existência. Essa luz fez os seres trevosos caírem no chão e ficarem imóveis por algum tempo, o que me permitiu tomar o controle.[3]

Ambos morreram ali mesmo. Desesperado, joguei os corpos no banco de trás, e saí em direção a um lugar ainda com mata densa. Em um ponto que achei que não seriam tão facilmente encontrados, descartei ambos ali mesmo e voltei ao carro, deixando os corpos para trás. Um emaranhado de emoções tomaram conta de minha alma, desesperadamente

---

3. Graças à vibração, espíritos sombrios não podem detectar espíritos de luz se estes não desejarem.

em determinado momento eu ria, e depois chorava, sem saber o que fazer nem para onde ir. Só sabia que tinha de fugir para o mais longe possível, pois não queria ir para a cadeia.

Minha encarnação iria mudar drasticamente a partir daquele momento.

Voltei para casa, peguei todo o dinheiro que possuía e rumei em direção a Minas Gerais. Chegando na cidade de Teófilo Otoni, abandonei o carro atrás da igreja da Imaculada Conceição, dirigindo-me até a rodoviária. Meu objetivo era ir o mais distante da civilização, e assim eu fiz.

Quando de meu retorno para minha residência, a fim de pegar o dinheiro, os espíritos que foram atingidos pelos raios do trabalhador na luz já estavam se refazendo, e ao me verem um deles começou a gritar:

– O que você fez conosco, seu maldito! Como isso nos atingiu? Você ainda tem proteção da luz? Maldito seja!!!

Nisso o outro, que estava junto do espírito enraivecido, disse:

– Deixe para lá, Loman, estamos fortes de novo! Ele pode ter se livrado do suicídio, mas será somente temporário, vamos atormentá-lo agora, pois ele está fraco e será alvo fácil para as nossas sugestões.

– É verdade – disse Loman. – Hahaha, isso mesmo! Agora sim, Ricardo, você se superou, matou a única pessoa que você amou por várias vidas, hahaha! Seu fraco, vai apodrecer na cadeia, é isso que você merece! Vamos estar com você e quero ver você enlouquecer.

Eu, como que sentindo toda aquela influência negativa sobre meu mental, entrei em total estado de pânico novamente e só pensava em fugir.

E assim, com o passar dos dias, após largar o carro, de cidade em cidade, fui rumo ao interior da região Norte, e fiquei em um lugar ribeirinho, de porte pequeno e quase sem contato com grandes cidades. Enquanto tinha dinheiro, comia o que era possível, sem residência fixa, embrenhava-me no meio do mato e aparecia somente quando sentia fome. Mas ao findar o dinheiro que carregava, comecei a mendigar, e assim foi por alguns anos, enlouquecedor aos poucos e fisionomicamente alterado pela loucura e pelo sofrimento que o tempo vinha me impor, atormentado, de perto, pelos espíritos trevosos e também por Sara e seu amante.

Enquanto isso, voltando no tempo, logo após lhes tirar a vida, Sara e seu companheiro, Fábio, acordaram no Umbral, e lá já os esperavam alguns dos espíritos que acompanhavam o desenrolar dos acontecimentos, estavam junto dos que haviam nos atormentado na Terra.

Assim que acordou, Sara gritou ao perceber onde estava, um ambiente inóspito, em que prevalecia a escuridão, e alguns espíritos à sua volta com cara de poucos amigos. O mesmo aconteceu a Fábio que, ao despertar, levou um susto, soltando um grito, ainda preso à surpresa do tiro que havia levado.

Os espíritos, trabalhadores daquela região umbralina, soltaram uma risada com o despertar de ambos e foram logo falando:

– Sara, Fábio, vocês estão mortos! Sejam bem-vindos ao vale dos horrores! Estão aqui por culpa do Ricardo, que tirou a vida de vocês em troco de nada – dizia um dos seres, rindo muito.

– Não, não pode ser! – gritou Sara. – Mas como isso é possível? Se morri, como estou aqui? Não entendo.

– Somente seu corpo morreu, seu espírito veio para nós, e agora você está conosco – disse um dos seres. – A Terra não é o fim, vocês continuam a viver e, graças ao Ricardo, a luz não quis vocês, e agora fazem parte deste vale – emendou o outro ser, rindo.

– Olha onde ele nos colocou, Sara – emendou Fábio. – Eu o odeio e ele vai pagar por isso!

– Sim, ele já está pagando! Mas vocês podem nos ajudar a enlouquecê-lo de vez e assim fazer com que ele se suicide, dessa forma ele virá até nós, e com isso poderão ter sua vingança – dizia um dos seres com olhar superior para ambos. – Vocês não querem que ele pague por tudo? Vou levá-los até onde ele se esconde e vocês irão nos ajudar.

– Ótimo, leve-nos até lá – disse Fábio. – Quero ver como ele está e fazê-lo se arrepender de ter me matado.

– Nós dois, né, Fábio – emendou Sara.

– Sim, sim, com certeza – retrucou Fábio.

– Então vamos, que já tem dois subalternos meus com ele, trabalhando dia e noite para deixá-lo completamente louco; vamos que eles nos aguardam.

E saíram os dois seres junto com Sara e Fábio, em direção à Terra, para encontrar-se com Loman e seu companheiro, que me acompanhavam.

Assim que eles chegaram, Loman forneceu a ficha dos acontecimentos aos seus superiores:

– Ele já está cedendo facilmente à nossa impressão sugestiva, o trabalho para enlouquecê-lo está facil, e logo estará completamente em nossas mãos.

– Sim, sempre que ele adormece prendemos seu espírito em um estado hipnótico e assim ele fica preso sob nossa vontade – emendou o outro.

– Ótimo! Nós trouxemos a Sara e o Fábio, que irão ajudar vocês na vingança, e agora eles fazem parte do vale, deem as boas-vindas a eles.

Os quatro riram, mal sabia Sara onde estava se metendo, uma decisão que iria fazê-la se arrepender.

– Sara, Fábio, façam tudo que eles mandarem, que logo logo o resto de suas defesas psíquicas cairão e finalizaremos sua vida, não nos decepcionem – disse um dos chefes, retirando-se logo em seguida.

– Olá, Sara, acompanho você e o Ricardo há várias encarnações[4] – disse Loman. – Esse maldito matou toda a minha família, quando estávamos juntos na Terra, em um grupo que fazia a Lei da região através do terror, e ao tentar matá-lo ele tirou minha vida, por isso estou aqui. Meu companheiro aqui percebeu minha força e me acompanha desde então.

– Como assim, várias encarnações? – perguntou Sara.

– Largue a mão de ser burra! Você não percebeu que a morte não existe de verdade? Você está aqui, então em algum momento vocês voltam para a Terra em novos corpos, sei lá o porquê disso, mas acontece. E em alguns renascimentos eu consegui acompanhá-los, do lado de cá, e você quase sempre estava lá com ele.

Sara arregalou os olhos e ficou pensativa: "Como assim, vários renascimentos? O que estava realmente acontecendo? Se isso tudo era verdade, por que ela sempre estava junto do Ricardo?"

– Atenção, não desfoque, sua desmiolada, preste atenção que vou falar o que vocês irão fazer.

E assim, ele deu as instruções do que seria feito comigo, nos próximos dias.

Foi pela presença deles que começou realmente meu tormento. A cada momento que meu corpo adormecia, eu me via na frente de ambos,

---

4. Espíritos podem perseguir suas vítimas por séculos a fio, seguindo-os encarnação após encarnação, movidos pelo ódio e desejo de destruição.

que, ensanguentados pelos tiros, gritavam: "Estamos aqui, seu maldito! Viemos lhe cobrar nossas vidas! Você não se protegerá por muito tempo neste corpo, e logo que vier para cá estaremos lhe esperando, você não escapará!".

E assim acordava aos berros, pelo terror que passava ao dormir, e meses e meses a fio acabaram levando-me à loucura e, com ela, minha sensibilidade espiritual aumentou, devido ao intenso desequilíbrio pessoal, e eu comecei a perceber a presença de meus algozes mesmo em vigília, ora entrando em luta corporal com o vazio (aos olhos terrenos), ora brigando e xingando-os sem parar.

A todo momento os dois se faziam visíveis, ensanguentados e com os olhos esbugalhados, gritando para mim: "Assassino! Venha, estamos aqui lhe esperando!!!", e riam, em um processo de loucura ao qual todos estávamos ligados.

Para as demais pessoas, eu era um mendigo ensandecido pela vida, mas na realidade eu estava em constante briga com meus irmãos, em pleno processo de ajuste espiritual.

Até que um dia, após cinco anos de intensa tortura, eu, totalmente embriagado, caí no chão, batendo fortemente a cabeça. Dores, falta de ar, tonturas, e dei meu último suspiro.

Ao me desligar de meu corpo, minha pouca proteção que ele fornecia acabou, e meu espírito foi puxado por aqueles seres que estavam a me atormentar dias sem fim. Eles me amarraram e me levaram para uma cidade trevosa, jogando-me em um calabouço.[5] Momentos de puro terror, jamais imaginados, eu vivenciava. Gritos, risadas, uma escuridão que era quase palpável, não era possível enxergar nada, a não ser uma leve luz que aparecia de longe de tempos em tempos, vista pela pequena janela e, assim, minhas vítimas tornaram-se meus algozes, e a cada momento de terror, eles riam e gritavam: "Daqui você não escapa mais, estará conosco pela eternidade, vai pagar pelo que fez a nós dois, seu maldito!".

E ambos me visitavam periodicamente no calabouço, acusando-me e agredindo, em uma tortura mental, psicológica e física sem fim.

Meus gritos de horror podiam ser ouvidos dentro daquela escuridão eterna.

---

5. No Umbral há grandes cidades espirituais sombrias, verdadeiras metrópoles. Criadas e estruturadas para influenciar seres encarnados e desviá-los da luz.

Capítulo 2

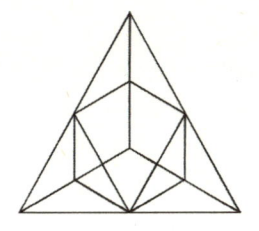

O Resgate

Após anos de tormento e dores, quando minha alma já estava quebrada, o ser que antes fui já não existia, somente um farrapo espiritual, preso aos processos nefastos que haviam me colocado pelas escolhas erradas feitas em minha vida terrena. Mas, em um momento de luz, daqueles que o próprio Criador nos faz lembrar que sempre há uma salvação, lembrei de minha mãezinha que sempre dizia que Nossa Senhora olhava pelos aflitos.

Mesmo acreditando que meu futuro não mudaria, eu supliquei, supliquei como se minha alma estivesse gritando seu último apelo, e do meio da escuridão surgiu uma luz, dourada, que foi crescendo e iluminando aquelas trevas, até chegar a mim.

A descrição desse momento é única e marcante demais para a minha alma.

Senti como se toda a minha culpa fosse lavada naquela luz, todo o peso, todo o ódio, toda a dor sumiram instantaneamente. E diante de mim apareceu uma mulher com uma feição que irradiava paz e perdão.

Ela me disse: "Ricardo, você percebeu seu erro e se arrependeu, por isso pude chegar até você e vim buscá-lo, seu período de sofrimento termina agora. Daqui para a frente sua jornada para seu ajuste pessoal se iniciará, os tempos de dor acabaram! Venha comigo".

Não consigo expressar o que eu senti na hora, chorava copiosamente, como criança que encontra sua mãe, após um longo período de solidão.

– Quem é a senhora? – perguntei com as poucas forças que me restavam.

– Eu sou aquela que leva a luz do amor e do perdão dentro das trevas, sou aquela que coloca nos braços todos aqueles que se arrependeram de suas escolhas, eu sou aquela que oferece a chance de redenção diante da danação. Eu sou a luz de meu filho, que deixou a vida na Terra para salvar aqueles que estavam perdidos em seus caminhos.[6]

E ela estendeu sua mão para mim, e tamanho foi o júbilo que senti que, ao tocá-la, uma energia cálida percorreu todo o meu corpo e meus sentidos adormeceram.

Acordei, estava em um lugar cheio de camas e pessoas adormecidas, fiquei pensando sobre tudo que culminou naquele momento, nas pessoas que se tornaram meus captores. Onde estariam, o que havia acontecido com eles? Teriam sido resgatados também por aquela senhora magnífica? Para onde ela foi? Como gostaria de vê-la novamente.

Nisso entra um rapaz de uns 25 anos, com um olhar de muito respeito e tranquilidade, e me diz:

– Eles ainda estão nas zonas inferiores, ainda não conseguiram se livrar de toda a raiva que carregam, mas, assim como você, eles também irão encontrar o chamado para a evolução. Tudo a seu tempo – disse-me sorrindo.

– Sinta-se um felizardo, meu irmão, poucos puderam ter a intervenção direta de nossa querida Mãe do Amor, você foi agraciado e acredite, a partir de agora sua vida terá um novo significado, pois ela o recebeu como um filho direto e isso é algo difícil de presenciar. Aliás, eu me chamo Glauber, sou cuidador dessa ala de equilíbrio pessoal e você está na cidade espiritual Triângulo Divino.

– Como assim? Cidade espiritual? Para onde aquela linda senhora foi, Glauber? Como vim parar aqui? Eu estava naquele calabouço e, de repente, após encontrá-la, adormeci e acordei aqui.

Tinha muitas perguntas, mas ele pediu para que eu refrescasse minha mente, pois tudo estaria em seu lugar e seria respondido com o tempo. Para que eu tivesse paciência.

Acima de mim, sobre minha cama, havia um triângulo vazado que parecia ser de cristal, e de tempos em tempos mandava luz laranja-esverdeada, atingindo de meus pés até minha cabeça, e cada vez que

---

6. Trabalhadoras da segunda Força de Umbanda, Força do Amor. Atuam diretamente nas Trevas resgatando aqueles que clamam por socorro, e levam a outorga do nome da Mãe de Jesus, podendo falar e assumir seu nome e postura.

aquela luz era emanada eu sentia um bem-estar como há muito tempo não tinha, era um torpor de mente e corpo, que me convidava a relaxar e adormecer.

Quando acordado, Glauber vinha com uma cumbuca cheia de água de cor azulada e me dava para beber, além disso ele me pedia para mastigar uma folha, mas não engoli-la, e o engraçado é que, enquanto a mastigava, ela ia se desfazendo, até o ponto de não ter mais nada.

– O que é isso? – perguntei.

– A água está com substâncias magnéticas curadoras captada pelos irmãos direto do bosque das almas, e potencializada com o passe magnético, já a folha é especialmente destinada para o refazimento espiritual; ao mastigá-la, ela libera todo o seu fluido vital e magnetismo curador dentro de sua estrutura psicossomática, adiantando o processo de cura.

Realmente fiquei espantado, pois nos poucos dias em que estava lá, já me sentia outro, nem de longe parecia aquele ser atormentado pelas pessoas que queriam me destruir.

Com mais alguns dias eu já estava muito bem; na verdade, essa medicina espiritual foi extremamente eficaz e praticamente com duas semanas já estava completamente são, as feridas todas curadas, os cortes, os machucados que foram feitos em mim, naquela prisão, haviam sumido. Pelo menos visualmente meu corpo estava bom. Mas, ao tentar me levantar, tudo rodou e eu quase caí desmaiado no leito.

Achei melhor não forçar e ficar quieto, esperar mais um pouco.

Nisso Glauber entra na sala e sorrindo me diz:

– Realmente, você precisa aprender a esperar, e esse processo atual, que você está vivendo, demonstra isso. Nenhuma ocasião acontece por acaso em nossa vida. Até mesmo o que trazemos como tarefa de ajuste nos leva a olhar para dentro de nós e avaliar nossas escolhas. Agora, acalme-se que ao longo de mais três dias você estará fora deste leito e já poderá andar pelo salão. Não queira se apressar, não se esqueça de que foram anos a fio de desequilíbrio tanto na Terra como nas zonas inferiores.

Ele me ajeitou na cama e aos poucos fui serenando a mente, até adormecer tranquilo.

Ao acordar, percebo que Glauber vem rapidamente até meu leito, com um imenso sorriso no rosto:

– Bom dia, felizardo, tenho boas notícias! Você tem visitas!

– Visitas? De quem? – perguntei curiosamente.

– Já já saberá.

E nisso apontam no corredor rostos conhecidos. Meus familiares! Minha mãe, meus avós! Ao vê-los, comecei a chorar como se tivesse 5 anos novamente!

– Oi, meu filho! – minha mãe foi me abraçando suavemente.– Que saudades de você!

– Mãe, avó, avô, meu Deus! Vocês estão aqui! – e chorava sem conseguir me conter. – Me perdoe, mãe, me perdoem, errei demais, levei sofrimento para todos diante de meu atos.

– Calma, filho! – disse minha avó Eulália. – Não se culpe nem peça perdão, ao contrário, vamos agradecer a Jesus este momento único!

– Isso mesmo, meu filho – emendou minha mãe. – O pior já passou e agora o que interessa é ser feliz e viver! Como pedi à Nossa Senhora para ajudá-lo, meu filho! Ao ver seu tormento, ficava aflita e não conseguia encontrar paz para seguir meu caminho!

– Mãe, eu lembrei do que a senhora vivia dizendo, sobre a Nossa Senhora, então clamei por socorro e ela veio me ajudar!

– Sabia que ela não iria deixar mais você ficar sofrendo daquele jeito, ela é misericordiosa, Ricardo! E olhou para você em seu momento derradeiro.

– Sim, mãe, ela olhou para mim! – e todos nos abraçamos longamente.

Naquele instante, uma luz dourada desceu até nós e podíamos sentir todo o amor que estávamos recebendo das esferas superiores.

Passado esses instantes, perguntei à minha mãe, enquanto afagava seus cabelos:

– Vocês estão aqui, nesta cidade espiritual? Ficaremos todos juntos?

– Não, meu filho – respondeu minha avó, – Eu e seu avô estamos em uma colônia espiritual chamada Filhos do Amor, e já já iremos reencarnar novamente.

– Sim, Ricardo – emendou meu avô –, ainda não terminamos o que havíamos planejado na última vez que estivemos na Terra e achamos melhor voltar e terminar o que nos faltou realizar.

– Eu também, meu filho – disse minha mãe. – Estou estudando em esferas superiores, para poder me aperfeiçoar e futuramente descer à Terra para cumprir algumas tarefas necessárias. Seu pai ainda está na Terra, mas logo logo voltará para a pátria espiritual, por isso não está aqui conosco.

– Nossa, o pai ainda está lá? Meu Deus! Oh, mãe, senti tanto sua falta.

– Eu sei, filho, quis o destino nos separar cedo, mas sempre estive com você e sempre estarei. O que importa é que agora estamos reunidos e assim será pela eternidade, meu querido!

Todos nos abraçamos e minha avó disse:

– Vamos, Regina, nosso menino precisa descansar.

– Sim, mãe, vamos.

– Ricardo, mesmo distantes estaremos ligados em pensamento; se precisar basta me chamar – disse minha mãe. – E aproveite, filho, tudo o que esta cidade tem a lhe oferecer, pois você tem uma linda missão pela frente, confie.

– Cuide-se, fique com Jesus – falaram meus avós.

E após essa breve despedida, eles se retiraram, mas a sensação de gratidão dentro de mim era imensa, estava realmente me sentindo muito bem.

– Muito bem, sortudo! – foi a vez de Glauber falar.– Agora descanse mais um pouco, pois logo mais já poderá ter alta.

Agradeci e, com o coração repleto de amor, pela primeira vez em muito tempo, adormeci sentindo toda a gratidão do mundo.

Como ele disse, após três dias já estava de pé e, lógico, com muita curiosidade sobre tudo o que era novo para mim; eu precisava conhecer tudo isso.

Nisso chega Glauber com um senhor que aparentava uns 50 anos, meio gordinho, de bigode branco acinzentado, que me cumprimentou.

– Olá, Ricardo! Fico feliz que já esteja fisicamente recuperado, eu me chamo Luís, sou o supervisor dessa ala de restauração e sempre que um irmão melhora e já está pronto para sair, venho felicitá-lo. Agora você precisa crescer, aprender tudo que puder e relembrar do que você já conhece, para que continue sua jornada pessoal.

Agradeci ao dr. Luís e, assim, Glauber me conduziu até a porta de entrada do salão, onde me apresentou a uma jovem senhora.

– Ricardo, essa é a Márcia. Ela será sua guia daqui para a frente.

Márcia, uma jovem senhora de cabelos louros e olhos tão azuis que brilhavam como a mais bela joia.

Fiquei meio que paralisado, fixado em seu magnetismo, como mariposa na luz, que sorrindo me disse:

– Senhor Ricardo, não é elegante ficar encarando sua guia espiritual, sabia? – e soltou uma gostosa risada.

Ambos rimos e eu, como se saísse de um transe, muito sem graça disse:

– Me desculpe.

E todos riram mais ainda.

Capítulo 3

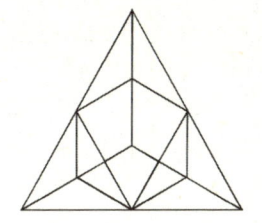

A Cidade Espiritual Triângulo Divino

Glauber se retirou e nisso Márcia me convidou para caminhar em direção a um bosque que estava à nossa frente, um pouco distante.

– Seja bem-vindo, Ricardo, à cidade espiritual Triângulo Divino, essa cidade existe desde o século XIX, criada pelos Mestres da Evolução a próprio pedido do Mestre Jesus, por causa das necessidades que iriam se fazer presentes com a evolução da humanidade. No início essa cidade não acompanhava a rotação da Terra, mas a partir do século XX, curiosamente, a cidade foi fixada no magnetismo do orbe, entre São Paulo e Rio de Janeiro, movimentando-se entre ambas conforme a necessidade e o pedido dos Mestres da Luz. Hoje está fixada na própria cidade de São Paulo, mas no início do século, quando entrou na rotação do planeta, ela se localizava em cima da cidade de Parati.

– É uma cidade que abriga todos os tipos de espíritos em processo de evolução e também seres de outras dimensões que necessitam entrar na dimensão humana para executar determinadas tarefas. É uma cidade universalista, com o único propósito de encaminhar os seres a níveis superiores de consciência e espiritualidade, assim como fazer o intercâmbio com seres de outras dimensões para trabalhos de equilíbrio, seja no orbe terrestre ou espiritual. Olhando de cima, essa cidade possui seus muros no formato de um grande triângulo, simbolizando o equilíbrio do Universo e a tríade de poderes cósmicos. Já dentro, tem o formato de uma estrela de sete pontas, onde cada ponta é chamada de vértice principal. No centro da estrela temos um losango que é onde está o vértice central, que é aquela construção em cima daquela montanha, ali é o centro, onde estão os Comandantes e Senhores da Evolução. Eles controlam toda a cidade, e por fim, os vértices secundários (que estão entre os vértices principais e o central), que dão suporte aos que ficam nas sete pontas. Cada ponta representa um tipo de realização espiritual, com sua função específica. Possuem tanto trabalhadores espirituais como também não humanos, os chamados elementais ou primários, e também temos aquele que coordena todo o trabalho no vértice, ao qual chamamos de Mestre do Vértice. Ou seja, temos sete mestres, cada um ligado ao seu vértice, dentro de sua função com os trabalhadores; e no vértice central temos os Senhores da Evolução, que controlam todas as funções dentro da cidade e também realizam os intercâmbios com as esferas superiores e demais cidades e colônias espirituais.

– Vou descrever rapidamente os vértices para que você possa ter uma ligeira ideia de como funcionam. Temos a primeira ponta que é o vértice de Evolução e Espiritualidade (responsável por tudo que envolva assuntos relacionados à evolução, tanto pessoal como coletiva) e também pelos processos de encarnação, vibrando uma luz violeta intensa. Já o seu vértice secundário é o Círculo de Evolução do Ser, que são trabalhadores que atuam diretamente sobre direcionadores e sacerdotes que atuam com a luz no plano terrestre, dando o suporte necessário para que não sejam derrubados pelas trevas. Dentro desse vértice, o mestre responsável é o senhor Ank'thorum, que lida diretamente com a luz violeta nos planos.

O Segundo Vértice é o do Amor, um dos vértices mais lindos e vibrantes na cidade, pois é responsável por toda forma expressiva de Amor Universal e também responsável pelo início da materialização de todos os processos, sejam físicos ou espirituais, brilha uma linda luz rosa e dourada, tendo como vértice secundário os Discípulos de Maria, diretamente atuantes nas zonas inferiores do astral. Dentro desse vértice a mestra responsável é a sra. Nadjari, ligada diretamente com a energia e a luz da nossa grande Mãe do Amor.

– Foram eles que me resgataram, Márcia?

– Sim, a pedido da própria Nadjari, as súplicas de sua mãe, em seu favor, tocaram-na, e há algum tempo eles estavam tentando se aproximar de você, mas sua condição energética, que estava totalmente submissa à vibração magnética do local, não permitia seu resgate, pois se você fosse retirado, seu próprio magnetismo poderia causar sérias lesões ao seu corpo espiritual, por causa da ruptura brusca, e se isso acontecesse, dificilmente você estaria aqui em perfeito equilíbrio. O Tempo é o grande nivelador de tudo que existe nos planos das evoluções humanas, Ricardo.

– Nossa, Márcia, não fazia ideia de que tudo era tão complexo assim.

– Mas é, Ricardo, quanto mais conhecemos, mais percebemos as belezas dos processos espirituais e suas funções. Nada no Universo está fora de equilíbrio e harmonia, pois se algo se desestabiliza, entram as forças magnéticas de Equilíbrio e de Transformação, atuando onde for necessário e trazendo todos os envolvidos para o caminho contínuo da evolução.

– Bom, voltando, o Terceiro Vértice é o da Vida, responsável por todo processo energo-vibratório-vitalizador de todos os planos. Onde haja algo criado, seja por Deus, ou pela Natureza, ou mesmo pelos homens, ali está presente o processo da vida. Sem esse magnetismo, nada se fixaria, ele é o responsável por fixar a energia vital de uma pessoa, de um local, de um ser, seja qual for. Através desse vértice é que se realizam os novos processos de criações mentais, no plano terrestre, e também da sustentação ao que já está sendo usufruído no plano. Para a humanidade, por exemplo, a saúde, a energia de vida, a prosperidade e para os demais seres, a continuidade da espécie, da natureza, a descoberta de algo. É um vértice que atua diretamente em todos os estados da matéria, mas seu magnetismo você encontrará em abundância no éter e no ar. A maioria dos seres desse vértice é diáfana, pois a própria condição vibratória do local assim exige, ali você encontrará muitos seres elementais ligados aos processos de vida e realização. Seu vértice secundário é conhecido por Polo da Vida e atuam não somente no plano terrestre ou espiritual, estão em constante movimento entre as dimensões, em um verdadeiro intercâmbio da Vida. A Mestra desse vértice é a sra. Orun'Zany, ligada a todos os processos de Vida e sua sustentação dentro da cidade e também às solicitações que o Mestre Jesus venha a realizar com os Comandantes. A luz desse vértice é um branco leitoso intenso, e graças às qualidades únicas magnéticas, é uma luz que você consegue tocá-la, é muito interessante.

– Já o quarto vértice é o da Magia e da Transformação, emite uma luz amarelo-alaranjada, e ali eles são responsáveis por todos os processos em que há Magia e também por todos os processos nos quais a transformação de algo seja necessário. É um dos lugares que impõem respeito aos moradores dessa cidade, pois ali se encontram espíritos de um nível diferenciado de inteligência e manipulação plasmática. Para você entender, eles são acionados sempre que se é levantado qualquer processo de Magia, seja ela positiva ou negativa, que possa influenciar qualquer protegido desta cidade ou, no caso do plano terrestre, quando ocorrem processos magísticos que possam mexer na coletividade de uma forma geral. Eles são hábeis em verificar a natureza da movimentação vibratória que está se instalando, tanto no processo como suas consequências, e se for algo que possa desequilibrar a evolução do ser ou da coletividade, eles interferem. Mas também todos os pedidos, realizados por meio da magia no plano terrestre e que de alguma forma estejam conectados a essa cidade, chegam até eles, através do vértice secundário. Já a Transformação, eles atuam nos planos terrestre e espiritual sempre que é solicitada a mudança de algum padrão vibratório que esteja finalizado ou finalizando e que não há mais a necessidade de sua existência, por isso você pode entender todo tipo de transformação, tanto física como espiritual ou mesmo evolutiva. Muitos espíritos desse vértice são grandes conhecedores das Leis da Criação. Em um passado remoto da humanidade, uma época anterior ao cataclismo que culminou na separação dos continentes, mas há também a presença de irmãos de outras dimensões espirituais, que habitavam planetas em galáxias distantes, que na fundação da cidade foram convidados pelo próprio Mestre Jesus para ingressarem nesse vértice. Seu vértice secundário chama-se Vértice Secundário da Rosa e Espinho; como eu disse anteriormente, todo processo de magia feito na Terra e cujo executor esteja em conexão com esta cidade, esse pedido chega até eles por esse vértice. E entenda Magia não somente as realizadas por religiões e seitas distintas, mas um pedido fervoroso para mudança de algo, por meio da oração, que se torna um processo de Magia graças à sua natureza vibratória e de atuação no plano etérico. O mestre desse vértice é o grande senhor Kasslia. Ele foi um dos que viveram na Estrela chamada por eles de Siren Maior, fica na direção da constelação de Peixes, um local de três estrelas irmãs, sendo a Siren (amarela), a Siren Anã (branca) e a Siren Maior (vermelha). Elas ainda não são conhecidas nem passíveis de observação por telescópios comuns, pois são antigas e estão Universo adentro. Mas as três estrelas juntas têm o formato de um triângulo equilátero.

– O quinto vértice é onde estamos, da Cura e dos Mestres, que irradia uma belíssima luz verde e ali estão os mestres recém-formados que poderão atuar nos vértices ou mesmo em missões no plano terrestre. Nesse vértice está todo o processo de conhecimento e aprendizado, grandes bibliotecas, um lugar com vários seres ligados à literatura, música, artes em geral, um local onde todos são livres para expressar sua espiritualidade e se sentem preparados para tal. Palestras sobre novidades no campo de atuação em tecnologia espiritual e cura magnética acontecem lá quase que semanalmente. É um lugar muito agradável, além do que esse vértice está intimamente ligado à Natureza, tanto do lado espiritual como do lado terreno, onde podemos ver a presença de espíritos xamãs, doutores, mestres na cura, equipes médicas e elementais ligados à Natureza. É um dos poucos lugares que ainda fazem pesquisas sobre novas formas de cura usando a combinação da Natureza com o Magnetismo Humano. O vértice secundário chama-se Natureza e Arte e o Mestre responsável por esse vértice é o senhor Luno. Um dos grandes sábios e manipuladores da energia da natureza e magneticismo para a cura, ligado intimamente à energia responsável pela existência da Natureza.

– Você estava nesse prédio, o da cura e regeneração, ligado ao vértice secundário. Todos aqueles que precisam de auxílio e estão vibratoriamente em sintonia com essa cidade são trazidos para esse prédio, quando resgatados. Lá você passou por três alas, inicialmente pela ala de reestruturação psíquica, pois foi necessário para o alinhamento mental de seus corpos sutis, ficando um pouco mais de um mês terrestre, depois foi para a ala de restauração espiritual, onde foi trabalhado intensamente pela reconexão de suas capacidades cognitivas, ainda desacordado por mais alguns dias e finalmente encaminhado para a ala de equilíbrio pessoal, passando pelos processos finais e físicos de cura, em que eles trabalharam pela harmonia definitiva de seus centros de força magnética, fechando todo o alinhamento: corpo psicossomático – mente inferior – mente superior – corpo búdico. Mas você possui grande força pessoal, pois há casos de irmãos cristalizados no terror pessoal, idêntico ao que você passou, que ficam semanas ou meses presos em suas imagens mentais, gerando grande e longo processo de cura. Aliás, se você olhar para trás verá o quinto vértice, dos Mestres e da Cura, que lhe mencionei.

Ao me virar, ao fundo estava uma enorme construção toda rodeada de ramificações em sua parede, conservando somente a base. É uma construção como um cone de cinco lados, linda, tendo em suas paredes plantas trepadeiras; de sua ponta emanava luz verde que ia até o alto, sendo que o cume parecia ser de algum cristal verde opaco, realmente algo lindo de se ver.

– Bom, vamos parar um pouco que chegamos, este é o Bosque das Almas, todos que saem da regeneração e cura passam por esse caminho obrigatoriamente. Esse bosque está conectado às forças magnéticas curativo-equilibradoras que nos são oferecidas pelas plantas. Todo esse bosque está conectado com a dimensão magnética de cura original da criação da Natureza. Elas emanam fluidos que somente a natureza e as plantas possuem, fluidos esses que são extremamente benéficos para a saúde do espírito, tanto energética como mentalmente. A natureza nos foi dada pelo Criador justamente para fazer o papel daqueles que zelam por nós em silêncio, mas infelizmente a humanidade terrestre ainda está tão presa aos seus instintos primitivos e desejos do ego que acaba por destruir aquele que está ao seu lado para proteger. Se a humanidade abrisse seus olhos e enxergasse todos os benefícios que as plantas lhe oferecem, com certeza iria mudar sua forma de lidar com a natureza. O homem precisa entender que ele faz parte desse grande processo de equilíbrio e evolução da Terra, ele não é o mandatário, como se imagina, mas somente o ator que deveria saber seu lugar e agir em comunhão com o planeta, mas ao contrário, destrói tudo que possa lhe gerar lucro financeiro. Infelizmente esse desequilíbrio tem um preço, que já está sendo pago. Vamos caminhar através do bosque que você terá uma experiência pessoal muito forte, todos que passam por aqui mudam algo dentro de si, foi assim comigo – ela me disse, com o semblante como a lembrar a experiência que teve naquele lugar.

Conforme adentrávamos, o local ia se revelando diante de meus olhos e não pude deixar de me maravilhar com tudo o que via. Como posso descrever esse bosque a vocês? Árvores gigantescas que balançam suavemente como que tocadas pelos ventos, mesmo não tendo nenhum vento presente, plantas de um verde tão vivo que tal nuance de cor inexiste no plano terrestre.

Pássaros dos mais variados tamanhos e cores sobrevoavam nossas cabeças, com um cantar que entrava em comunhão com o ambiente.

– Nossa, Márcia! Lindo demais!

– Sim, eu lhe disse, escolha um pássaro, estenda sua mão e o convide para pousar no seu braço, mentalmente.

Fiz o que ela mandou, e um pássaro de longas penas azuis, rosa e lilás estava pousado em um galho à frente. Eu mentalmente o chamei.

E qual foi minha surpresa quando ele veio e pousou em meu braço! Levei um leve susto, confesso, mas ele pousou e olhou para mim e pude sentir toda a confiança que ele depositava e toda a simplicidade daquela forma de vida cheia de beleza.

– Aqui, Ricardo, os animais não têm medo do ser humano, tudo opera em harmonia, pois há confiança e amor entre todas as espécies desta cidade. Agradeça-o e despeça-se desse irmão menor, para que ele possa voltar ao ambiente.

Cocei levemente sua cabeça, gesto que ele permitiu, e disse:

– Obrigado, amiguinho, agora volte para com os seus companheiros.

Ele soltou um suave piar e alçou voo em direção aos demais que também estavam empoleirados.

– Nossa, Márcia, tudo isso aqui é algo em que eu jamais poderia acreditar se não estivesse vivenciando.

– Sim, lugares como esse são únicos e infelizmente ainda poucos, agradeça a Deus por permitir passar por tudo isso. Viu que mesmo diante de escolhas erradas e sofrimentos, o Amor Divino sempre nos acompanha, olhando-nos de perto e esperando o momento certo para que possa realizar a mágica da transformação na vida de cada um de nós.

– Verdade, Márcia, e sou grato por estar aqui hoje – rapidamente passou por meu pensamento em como a Sara e o Fábio estariam.

– Não queira colocar a carroça na frente dos burros, Ricardo, tudo a seu tempo, não se preocupe com eles agora. Eles estão sobre a vigilância dos seres da evolução e no momento certo vocês poderão se reencontrar e acertar as pontas soltas. Agora você precisa se restabelecer totalmente e aprender, para que possa, aí sim, ajudar de forma segura e correta.

Somente acenei com a cabeça, concordando com a lição que ela me passava. Sim, tudo no tempo de Deus. Saberei esperar.

– Isso aí, Ricardo, agora, olhe essas flores, que lindas! Esse bosque muda de tempos em tempos, quando flores e plantas são trocadas, tornando o bosque único em sua composição.

Ao nosso redor, as mais variadas plantas com lindas flores multicoloridas, que exalavam um perfume que fez minha alma quase entrar em autorreflexão, por causa do aroma muito peculiar.

Márcia me diz:

– Veja, Ricardo, essa imensa sequoia, toque-a, feche os olhos e me fale o que sente.

Fui até a imensa árvore e, ao tocá-la, seu enorme magnetismo me envolveu e meu corpo inteiro tremeu e começou a ficar rígido. Minha mente silenciou-se instantaneamente e eu só sentia a imensa união com o Todo e a gratidão que ela emanava, era um ser conectado ao equilíbrio universal.

Nisso, em minha tela mental, começou a se abrir um lugar com muito verde e vários elementais presentes, uns andando, outros voando, alguns simplesmente sumiam e apareciam de novo, e de repente todos sumiram e uma voz muito forte, parecida com o soar de um trovão, começou a falar comigo.

– Amado ser em evolução, sou o magnetismo que dá vida e guarda todos esses seres que você viu e também toda a Natureza com que você está envolvido neste instante. De mim eles são gerados e somente por mim podem ser transformados. Por meu magnetismo, a Natureza foi criada no plano terrestre de vocês, assim como no espiritual, mas o atual estágio de desequilíbrio em que estão trará consequências sérias a toda força magnética natural implantada nesse plano há milênios. E tal desequilíbrio irá trazer consequências a todo o planeta. Se assim continuar, a destruição quase total de sua espécie será efetivada, trazendo a extinção definitiva do desequilíbrio originado por seres que estão na Terra, e por fim o magnetismo será novamente restaurado. Seres de sua espécie que estão levando o desequilíbrio para o meu magnetismo, esses terão contas a acertar comigo no fim de suas equivocadas existências. Sou o Grande Senhor da Natureza e iremos nos encontrar novamente; até lá, respeite tudo que se originou através de mim.

Assim que ele terminou de falar, um formigamento ocorreu por todo o meu corpo e minha mão foi repelida instantaneamente, jogando-me levemente para trás e me desconectando totalmente da árvore.

Olhei assustado para Márcia e ela, com olhar mateiro, me disse:

– Você ouviu a voz da floresta. A energia que gera toda a Natureza nos planos tanto material quanto espiritual. Hoje, no plano terrestre, há uma religião que está revivendo a cultura e manipulação magnética dessas energias, assim como sua forma de acessá-las. Mas o que eles conhecem é somente o básico e o necessário para o atual estágio de conhecimento em que se encontram, não tendo a capacidade de mexer ou mesmo trabalhar diretamente com o magnetismo desse ser. Eles somente trabalham com o que lhes é permitido acessar, mas a energia originária está inacessível, pois já foi recolhida do plano terrestre há milênios, ficando somente seu magnetismo paralelo e específico para aquela dimensão. Esse magnetismo tem o poder de se renovar, dentro de um processo preestabelecido e equilibrado, mas a intervenção humana está alterando esse relógio biomagnético e essa alteração terá um preço, infelizmente.

– Ah, eu sei de qual religião você deve estar falando, conhecia algumas pessoas que se vestiam de branco e que faziam seus rituais nas matas. "Tô fora", pensei.

Márcia, como percebendo meus pensamentos, me disse:

– Aqui é uma comunidade espiritualista universalista, verá espíritos das mais diversas religiões. Na Terra esses irmãos exercem sua fé dentro de um ou outro segmento religioso. Aqui eles podem até conservar traços que possam lembrar sua última religião na Terra, mas todos são universalistas. Aqui não há preconceitos religiosos, pois neste plano não precisamos da religião e sim do trabalho em prol do próprio crescimento e do crescimento do próximo. Por ser uma comunidade universalista, trabalhamos fortemente para o fortalecimento da luz e do conhecimento espiritual dentro das religiões terrenas, pois infelizmente hoje, grande parte está sendo dominada pelas trevas, por meio da manipulação das fraquezas espirituais e mentais que os encarnados carregam no atual estágio de evolução, através da ilusão do materialismo e do ego, ainda tão presentes nas escolhas pessoais.

Novamente abaixei a cabeça e pensei: "É, tenho muito que aprender ainda".

Márcia, rindo, me disse:

– Bom, vamos continuar andando, para chegarmos até o Vértice Central; enquanto isso, deixe-me terminar a explanação da cidade para você. Aliás, você foi um dos poucos que teve autorização para sair do vértice dos Mestres e da Cura tão rapidamente. Parabéns, a maioria passa um longo período de harmonização antes de poder caminhar pela cidade. Voltando à explicação:

– Temos o sexto vértice, o vértice da Proteção e Defesa; ali temos os espíritos ligados a proteção e defesa espiritual desta cidade e também de seus moradores, emana uma luz azul índigo muito intensa, tendo nuances de um azul mais claro. Esses espíritos estão ligados a todo o processo de defesa contra ataques das regiões inferiores e são combatentes diretos dos seres das trevas, alguns ainda mantêm a roupagem de militares das mais variadas épocas e povos e são espíritos com muita coragem e força, hábeis no manejo energético e na luta diante de entrechoques espirituais. O vértice secundário chama-se vértice da Capa e da Espada, e geralmente você os verá em pontos estratégicos e onde a vigilância se faz necessária. O Mestre desse vértice chama-se San Chevallier, um dos grandes manipuladores etéricos e de grande robustez de espírito, foi visto poucas vezes, mas quando se fez presente, estava sob um manto azul-escuro com filetes de prata em sua composição, muito sério, sua energia é algo impressionante.

– Já o último dos sete vértices é o da Limpeza e do Equilíbrio, emana uma luz vermelha e magenta, esse vértice é o responsável por manter a ordem em todos os níveis de existência, desde um microser até o plano em geral. São manipuladores do fogo espiritual, da capacidade de limpeza e reestruturação em níveis atômicos. São seres expansivos e cheios de vida, movimentam-se muito rapidamente e sempre que são acionados são diretos e certeiros, não deixando nada para trás. No que tocarem, pode ter certeza de que a transformação através da limpeza pelo fogo divino ocorrerá, levando assim o equilíbrio para o ambiente ou ser. Seu vértice secundário é o do Fogo Divino e aqui há dois mestres, a Mestra Agni Sum e o Mestre Maartra Sum, também quase não foram vistos. Dizem que irradiam um fogo divino tão alto vibracionalmente que se locomovem somente através dos portais espirituais e apenas alguns seres do vértice têm acesso a eles, graças à sua natureza vibracional e magnética.

– Nossa, Márcia! Que incrível, quero conhecer cada um deles, se possível.

– Sim, no futuro será, mas antes vamos até o vértice principal, que fica no topo daquela montanha, está vendo aquela construção branca e dourada? Iremos para lá.

E assim saí daquele lindo bosque, agradeci pela imensa e intensa experiência que tive, já com outros olhos para a Mãe Natureza, que pela voz parecia mais "Pai Natureza" (risos).

Saindo do bosque, pegamos a estrada que nos levava até o vértice central, e na trajetória, espíritos iam e vinham, todos com o semblante descontraído e emanando paz, cada um vestindo aquilo com que mais tinham afinidade, tanto roupas de épocas medievais até as mais atuais. No caminho pequenos bosques, com os mais variados bichos, até um pequeno lago, com alguns seres que se misturavam à água, que apareciam e mergulhavam.

– Como eu disse, esta cidade é universalista e há uma grande quantidade de elementais e outros seres nessa cidade. Ali no lago são alguns tipos, que possuem seu corpo atômico de natureza aquática. São seres simples se forem comparados com a realidade humana, mas sua qualidade vibratória pura ligada ao elemento natural é de profunda importância para a realização das mais variadas tarefas, principalmente no campo magnético, em que um pode anular o outro ou somar, enquanto vibração, cortando ou aumentando a energia a ser manipulada pelos espíritos.

O Vértice Central realmente é algo magnífico, poderia dizer que seu tamanho seria o equivalente a uma pequena cidade espiritual. Uma construção de três andares somente, possuindo o formato que lembra uma mescla de igreja medieval e também uma mesquita. Há quatro torres laterais, com pontas em cristal transparente. A entrada central em formato de meia-lua, e acima símbolos de várias religiões que pude reconhecer e outras desconhecidas por mim. A construção toda branca com algumas marcas em dourado, que parecem símbolos que fogem ao meu conhecimento. Ela não chega a ser tão alta mas é extensa, praticamente toma todo o pico daquela pequena montanha. No centro da construção existe uma abóboda que recebe do alto uma luz tão brilhante como o sol, sendo quase impossível de olhar direto para esse facho de luz, que toca a parte mais alta da abóboda. Ao redor da construção há pequenos pomares com bancos, nos quais espíritos ficam em suave conversação. Poderia dizer que esse local me deu o real sentido do que é paz e equilíbrio.

Fomos subindo a escadaria até chegar ao topo da montanha; já de frente para a entrada, Márcia foi me explicando:

– Bom, chegamos, este é o Grande Vértice Central. Olhe daqui de cima, você consegue ver todos os demais vértices e esses sete caminhos, que estão ao redor da montanha. Cada um ligado a um vértice principal, tendo no meio o vértice secundário correspondente.

Ao passar pelo vértice secundário, em direção ao principal, há pequenas ruas ligadas ao caminho principal, em que há construções das mais variadas formas e matérias, cada qual com seu grupo de espíritos. Essas construções podem servir tanto para moradia quanto para a guarida de espíritos que estejam temporariamente na cidade, executando alguma tarefa.

Capítulo 4

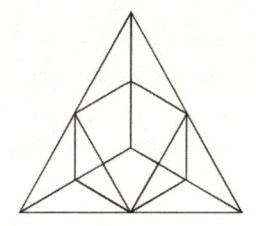

O Grande Vértice Central

Entramos e logo na entrada havia grandes seres, em túnicas purpura, sempre vigilantes e atentos a tudo.

– Márcia, precisa de vigilantes na cidade? Eles fazem proteção do quê?

– Sim, sim, já lhe explico.

E se dirigindo a um dos sentinelas, Márcia disse:

– Ele acabou de sair do quinto vértice, do prédio de regeneração e cura, sou sua guia e estou apresentando-lhe a cidade.

Ao qual o "guarda-roupa" espiritual (não há melhor maneira de descrevê-lo, pois se assemelham aos gigantes dos contos da Terra), falou:

– Entendido, Márcia; seja bem-vindo, Ricardo, espero que goste do vértice central.

Eu agradeci e continuamos nossa caminhada local adentro.

– Márcia, por que há "seguranças" e como ele sabia meu nome, já que você não falou?

– São seres que estão junto aos comandantes da cidade desde o início, são espíritos ligados ao vértice de Defesa e Proteção, são eles que vão à frente de uma cruzada contra as zonas inferiores e também quando há trabalhos de recuperação espiritual. Na cidade, eles estão em constante vigilância sobre todos que entram pelo portão principal até saírem. Essa vigilância é justamente para salvaguardar qualquer irmão que possa ter um momento de intenso desequilíbrio e corra o risco de ser puxado para as zonas inferiores. Se isso acontecer, eles interferem antes que o espírito se transfira de dimensão espiritual, eles conseguem isolar o magnetismo mental e conduzi-los ao prédio de cura e regeneração, no quinto vértice, dando a oportunidade de o irmão em desequilíbrio poder recuperar-se e assim evitando que ele possa voltar às garras das sombras. E sabiam seu nome porque mentalmente eles estão ligados a todos que estejam aqui, são espíritos de grande poder e força mental.

– Entendi, mas existe essa possibilidade de alguém que está aqui poder voltar às zonas inferiores?

– Lógico, Ricardo, as pessoas que estão aqui só estão por causa da ressonância vibracional com a cidade, e aqui há também espíritos que saíram de grandes obsessões pessoais, que tiveram sua vontade e força espiritual cristalizada pelos seres das sombras, e quando chegam, mesmo curados e em equilíbrio correm o risco de ser desequilibrados devido a essa ligação mental que possuíam com seus algozes. O trabalho de recuperação desses irmãos requer muita força de vontade e também perdão. Se eles vacilam e entram em sintonia com aqueles que desejam recuperá-los, os seres das trevas podem mudar sua frequência vibracional e assim nossos irmãos correriam o risco de ser deslocados até as zonas inferiores novamente. A máxima de Cristo nunca foi tão valida como para esses irmãos, o famoso "Orai e Vigiai". [7]

– Que complicado, hein?

– Nada é complicado, somente algumas questões exigem esforço pessoal e força de vontade e é justamente isso que os irmãos que passam por isso estão aprendendo.

– Esses sentinelas também atuam no plano terrestre, alguns trabalham com a proteção de países, governantes ou mesmo locais onde se reúnam grupos de pessoas como empresas, igrejas, comunidades, e atuam fortemente no campo religioso, aplicando a Lei Maior onde se fizer necessário. Alguns deles trabalham diretamente com os encarnados que possuem mediunidade, mas entenda, Ricardo, no sexto vértice agrupam-se espíritos ligados à evolução dentro da Lei de Ação e Reação, Causa e Efeito, e isso lhes dá uma singularidade na forma de ser, pois são

---

7. Mesmo o espírito estando sob uma guarda vibracional de uma cidade ou colônia espiritual, sua vontade sempre irá imperar sobre qualquer outro processo, e espíritos que tiveram profundas submissões mentais no umbral podem ainda sentir o chamado dos seres das trevas ao qual estavam entregues, se não estiverem plenamente harmonizados. E, assim, se transportarem através dos canais vibracionais conectados ao seu eu inferior, voltando ao desequilíbrio pessoal.

sérios e implacáveis na aplicação da Lei. Lá também trabalham desde espíritos recém-ingressados, iniciantes ao mexer com a Lei Maior, até os mais antigos.

E assim fomos ingressando prédio adentro, e após passar o grande círculo na entrada, notei que internamente era muito maior do que se via por fora da construção. Um imenso corredor central com um grande lustre de cristal no meio pendurado, vários corredores menores que se ligam a esse central, dão a ideia de ruas e inúmeros salões, parecendo uma minicidade. No alto, notei seres tão leves e quase sem forma, que voavam no teto. Era possível ver seus rostos desenhados em pedaços de vento visíveis (é a melhor forma que posso descrever a vocês), pensei, elementais do ar.

– Exatamente, Ricardo – respondeu Márcia lendo meus pensamentos. – Esses seres trazem a capacidade de desbloquear o campo mental, melhorando a energia psíquica dos que trabalham aqui. Nessa construção há três andares, o Salão Inferior, onde estamos; o Salão Central, acima de nós; e o Salão Superior, onde estão os comandantes da cidade.

O local é imenso, cheio de salas, com um entra e sai quase constante de todos os lugares, mas todos que passavam por nós nos cumprimentavam com um doce sorriso.

– Nessas salas há inúmeras tarefas, que irmãos realizam, em outras colônias, nas zonas inferiores, no plano terrestre, tudo dividido por seções, por assuntos específicos. A cada tarefa a ser cumprida é feito o registro em uma dessas salas, para que aconteça o acompanhamento passo a passo.

– Impressionante, Márcia, mesmo diante da grandiosidade desse local e da quantidade de pessoas, tudo está em harmonia – tudo estava em uma harmonia assustadora, quase nenhum barulho, com uma música ambiente agradabilíssima.

– Nada sem equilíbrio e harmonia espiritual é realizado com sucesso; veja, Ricardo, alguns irmãos flutuam, como dizem em outros locais, volitam e outros caminham como nós. Os que estão flutuando já entendem a vontade do espírito sobre a gravidade.

– Isso eu já ia lhe perguntar, Márcia, gravidade não é coisa da Terra? Aqui é uma cidade acima dela, correto? Por que sentimos essa mesma gravidade como no plano terreno?

– Essa gravidade existe porque a cidade está no raio de ação do campo gravitacional da Terra, o que a deixa praticamente fixa no local, fazendo com que assim entre em comunhão com a rotação, gerando toda a noção de tempo-espaço, e também ajuda irmãos recém-chegados a acostumar-se com o ambiente, pois fica idêntico ao da Terra. Antes, quando a cidade estava acima, fora do raio de ação magnética da Terra, era diferente, não havia dia nem noite, a gravidade sentida aqui era muito menor, o que permitia a todos volitarem sem ação da vontade e não tínhamos esse azul maravilhoso acima de nós. Cada vértice tinha seu desenho pessoal do espaço, com cores distintas, o que trazia uma beleza ímpar à cidade, mas, sinceramente, amo esse azul.

Continuamos a caminhar até que viramos e fomos em direção a uma grande sala, com o chão que parecia mármore na cor azul. Ao entrarmos notei que havia vários desenhos do cérebro humano, assim como a forma humana rodeada de auras coloridas e muitos elementais do ar no ambiente.

– Aqui é o Centro de Ajustes Espirituais, neste lugar você vai entender tudo que aconteceu com você e também irá ajudá-lo a se preparar para sua tarefa futuramente.

Nisso se aproxima de nós, vindo da sala ao fundo, um rapaz esguio, cabelos pretos lisos que às vezes caíam sobre seus olhos.

– Olá, Márcia, quanto tempo que não nos vemos.

– Olá, Alberto, realmente andei atarefada, estive por um bom tempo realizando uma tarefa na Rosa e Triângulo,[8] voltei faz pouco tempo e assumi o processo de introduzir irmãos recém-chegados à nossa cidade.

– Que bom, Márcia, nós estamos aperfeiçoando alguns equipamentos para desfazer mais facilmente a cristalização mental de irmãos presos às garras dos senhores das sombras. Muito trabalho. Quando na Terra, imaginávamos que a morte seria o descanso eterno; bom, acho que não morremos ainda – e todos riram.

– Verdade, Alberto, ou deixaram a tampa do caixão aberta.

Pensei, que papo doido, nisso ambos olharam para mim e soltaram uma gostosa gargalhada.

– Aff, esqueci que dá para ler meus pensamentos – rindo do meu fora.

---

8. Cidade espiritual, irmã do Triângulo Divino, localizada em Minas Gerais.

– Este é nosso irmão recém-chegado Ricardo. Estou mostrando a cidade, mas ele virá aqui mais tarde para abrirmos algumas memórias passadas, e assim seguir com seu caminho de forma mais lúcida.

– Seja bem-vindo, Ricardo – disse Alberto. – Seremos grandes amigos e aqui você entenderá melhor sobre tudo que aconteceu com você. Irá relembrar momentos passados, atualmente esquecidos, e iniciar em um novo caminho espiritual.

– Obrigado, Alberto, estou ansioso por isso.

– Vamos, Ricardo, há mais para lhe mostrar. Amanhã você virá ter com o Alberto.

Despedimo-nos, saindo do salão e voltando ao corredor principal.

– Você notou que há muitos elementais nesse vértice, mais que nos outros, não é?

– Sim, notei – respondi.

– Isso acontece porque há portais fixados no Salão Inferior ligados ao Salão Central. No fim desse corredor há salas destinadas somente aos elementais, ali entram espíritos com conhecimento para manipular e alterar esses elementais em um processo magnético de intercâmbio, e assim que eles entram em nosso plano, ficam um tempo aqui, entre os corredores e salões e também no grande salão central, para que eles se harmonizem vibracionalmente e fiquem isolados do nosso magnetismo humano, que seria letal para eles sem essa harmonização.

– Quer dizer que o que falavam sobre duendes, fadas, etc., sempre foi realidade?

– Não da forma infantil que eles conhecem na Terra, mas sim na natureza há muito mais elementais destinados à preservação e ao equilíbrio terrestre. O que os irmãos na Terra conhecem são somente alguns, dos vários existentes. Eles já foram usados em magias antigas, que já se perderam no tempo, pelos encarnados, assim como o conhecimento. Há até elementais que atuam diretamente no equilíbrio físico humano. Eles atuam na saúde física, no equilíbrio mental, emocional e mesmo espiritual. Alguns nem chamamos de elementais, os que atuam exclusivamente nos sentidos da Criação, chamamos de SEPRIS (Seres Primários dos Sentidos), eles atuam na Fé, na Razão, na Evolução, na Harmonia, entre outros. São seres muito sutis e imperceptíveis, possuindo uma composição corpórea distinta de nossa dimensão. Mas não vou passar nomes nem formas de acessá-los, pois são perigosos ao serem manipulados sem o total conhecimento e responsabilidade astral.

– Bom, chegamos, aqui é o salão de cadastro para acesso às bibliotecas que estão no vértice dos Mestres e da Cura. Vamos entrar.

Entramos e ao passar pela porta havia uma doce senhora, que me lembrou minhas tias e avós.

– Sejam bem-vindos, meus queridos, em que posso ser útil? Me chamo Olinda – disse a doce senhora.

– Olá, Olinda, esse é o Ricardo e gostaria de cadastrá-lo para acesso às bibliotecas do salão do conhecimento.

– Ah, perfeitamente. Ricardo, por favor, coloque sua mão nesta tela.

Uma tela que estava sobre o balcão, flutuante e firme. Ao colocar a mão, ela mostrou minha imagem e dados da minha última vida na Terra, assim como da entrada na cidade.

– Pronto, cadastro realizado. Qualquer dúvida, estou à disposição.

– Obrigado – agradecemos ambos e saímos da sala.

– Vamos até a sala de refeições, seu corpo espiritual ainda guarda algumas necessidades terrenas, mas isso com o tempo cessa e você vai aprender a se energizar e alimentar pelo éter.

Nisso lembrei que já havia um bom tempo que estávamos andando e realmente não havia me alimentado. De repente, meu estômago começou a reclamar.

– Vamos sim, estou com fome.

Chegamos ao salão, várias mesas e cadeiras e alguns espíritos, com seus guias, se alimentavam ainda. Sentamos e, no mesmo instante, veio um senhor com uma tigela contendo a mesma água azul que havia tomado na ala de recuperação, mas essa tinha um cheiro que lembrava sopa, e estava levemente aquecida.

– Beba, isso irá repor suas energias e tirar a sensação de fome. Aproveite que na sala ao lado desse salão há algumas camas, descanse. Com o tempo você irá necessitar cada vez menos de repouso, conforme suas impressões mentais mudarem. Assim que você acordar me chame, por pensamento, que iremos dar prosseguimento ao seu conhecimento.

Assim Márcia se retirou e fiquei a tomar minha sopa.

Ao finalizar, meu corpo estava restabelecido, já não havia mais a sensação de fome; levantei-me, e o senhor que me serviu veio prontamente retirar a tigela.

– Está bem, meu irmão? – perguntou-me.

– Sim, estou, a Márcia disse para eu repousar na sala ao lado.

– Exatamente, a sala é aquela – apontando para a minha direita. – Escolha e deite na cama; se precisar, há aparelhos para ajudar a relaxar mais rapidamente sobre a cama.

Fui até a sala e na cama acima dela havia algo parecido com um fone de ouvido, mas que também cobria os olhos. Pensei: "Ah, vou usar pra ver como é isso".

Deitei, coloquei os fones e o tapa-olhos e, no mesmo instante, começou uma música e mesmo com os olhos fechados conseguia notar a presença de uma luz azul-esverdeada. Assim que a luz cessou, a música foi dando lugar a um leve zumbir bem baixo e com pulsações, e a cada pulsação meu corpo ia relaxando a níveis impressionantes, até o ponto de minha consciência desligar-se por completo.

Ao dormir, minha consciência já não estava em meu corpo, eu sentia como se fosse parte do imenso universo, e fui puxado para um magnetismo peculiar. Estava no universo inteiro e ao mesmo tempo ali sozinho, no nada, e comecei a ouvir uma voz direta ao meu ser.

– Meu filho! Estou com você desde o início de seu período de aprendizado na matéria. Sou responsável em guiá-lo pelas suas evoluções enquanto preso ao Tempo. Meu magnetismo o protege e orienta, mesmo diante das escolhas com retorno negativo, sou eu o responsável em mantê-lo em alinhamento evolucional, não permitindo seu desequilíbrio e retrocesso perante a vida.

– Mas quem é você? – perguntei ao universo, pois não havia ninguém na minha frente, sentia somente algo que estava em tudo à minha volta e eu estava em tudo à volta dele, algo indescritível.

– Eu sou parte da criação, assim como você, mas estou desde o início de tudo que existe. Fui gerado pela força Criadora da Existência e desde então tenho a responsabilidade de zelar pelos que forem encaminhados a mim. Sou somente um entre milhares, e meu magnetismo lhe dá as qualidades necessárias para seu crescimento dentro do mundo dual de evolução humana, e assim será até o término desse período. Eu o chamei, pois seu período de erros e escolhas infantis, diante da vida, chegaram ao fim. Você será direcionado para seu caminho de despertar, chegou o momento de assumir sua existência enquanto unidade dentro da luz de nosso Criador.

Tudo aquilo para mim era extasiante e ao mesmo tempo assustador.

– Não tenha medo – disse a voz – pois o medo é o bloqueio do crescimento. A partir de hoje, seu despertar será gradativo e intenso e iremos nos reunir novamente quando estiver preparado para seu caminho.

Nisso, senti-me sendo puxado por uma força, como dentro de um liquidificador, e acordei, sentindo ainda aquele imenso magnetismo e suas palavras ficaram reverberando em minha mente.

Agradeci por essa grandiosa experiência, e agora sem os fones, ajeitei-me na cama e voltei a adormecer.

Capítulo 5

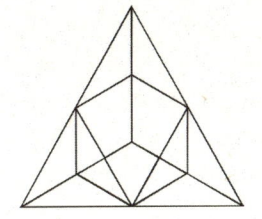

A Jornada se Inicia

Ao longe, ouço a voz de Márcia.

– Ricardo, acorde, dorminhoco. Você já dormiu tempo demais na Terra! Vamos! Vamos! Sua verdadeira jornada começa hoje.

Abri os olhos e ela estava olhando para mim, sorrindo.

– Que espírito mais cansado! Levante-se! Vamos! – disse sorrindo.

– Sim, sim, tô levantando – respondi em tom de gracejo.

– Olhe, tome rapidinho essa sopa, para refazer as energias.

– Não preciso, Márcia, estou bem, muito obrigado mesmo.

Ela olhou meio desconfiada.

– Hum, você acordou diferente, aconteceu algo durante o sono?

– Ah, depois lhe conto – respondi misteriosamente, sorrindo.

– Ai, ai, sou curiosa, viu?

Mas a verdade é que eu ainda podia sentir aquela energia como a me acompanhar, sentia toda a sua vibração e toda a sua força, aquela experiência realmente me transformou de alguma forma.

– Então ótimo, vamos até o Alberto, que ele nos espera.

Fomos até o salão do Centro de Ajustes Espirituais, e Alberto já me esperava; à sua volta um leve halo azulado envolvia todo o corpo.

– Olá, meu amigo, dormiu bem?

– Otimamente, você nem imagina.

E ambos, Márcia e Alberto, se entreolharam e olharam me questionando.

– Tá bom, vou relatar – e contei tudo que havia acontecido.

– Você entrou em contato com a energia primária da Criação – disse Márcia. – Essa energia zela por todos nós dando-nos qualidades magnéticas e espirituais individuais únicas; cada ser criado tem uma energia dessas que o acompanha desde sua primeira encarnação até o momento da última. Isso eu aprendi em uma colônia-escola que trabalha com essas energias. Esses Seres não possuem forma, pois são Forças de Criação Pura, eles têm sua origem em Deus, desde o início dos tempos e cada um com uma função específica dentro da Criação. Se ele o chamou é porque você realizará algo que realmente irá mudar sua forma de enxergar a vida. Meus parabéns, Ricardo!

– Verdade, Ricardo – disse Alberto. – Seu momento de despertar está chegando e acredito que, da forma que o chamou, será intenso.

– Vou esperar para ver, mas ainda sinto sua energia a olhar por mim.

– Na verdade ele sempre esteve, assim como tenho o meu e cada um carrega sua ligação com a Criação, mas a maioria não consegue senti-la, provavelmente ele abriu essa sua sensibilidade justamente para adiantar seu processo evolucional. Vamos aguardar, mas não tema, essas energias são o mais próximo que podemos chegar para entender a Criação e Deus.

– Sim, percebi, pois naquele instante me sentia o Todo e ao mesmo tempo era minha consciência sozinha naquele universo, mas essa sensação não assustava, ao contrário, eu me sentia como parte de tudo.

– Exato, esse é um dos caminhos para o grande despertar da consciência e acredito que você a iniciou, depois entro em detalhes – disse Alberto. – Mas agora, vamos começar. A partir de hoje você entenderá o porquê de tudo o que passou em sua última encarnação; venha, vamos entrar.

Lembrei de tudo que havia feito e, envergonhado, abaixei a cabeça.

– Calma, meu amigo, não se envergonhe, você está entre amigos e aqui não haverá nenhum dedo apontado para você. Todos temos nossas dívidas com a evolução, faz parte do grande jogo da vida.

Concordei, mas meu peito estava apertado. As lembranças de Sara e dos acontecimentos cobravam fundo em minha alma.

– Você irá ajudá-los, Ricardo! Mas primeiro precisa aprender a dominar seus instintos, que são os causadores de seus erros adotados em vidas passadas.

– Tudo bem, Alberto, estou pronto! Quero muito resolver tudo isso e virar a página dessa história.

– É assim que se diz, entre, vamos começar.

Entramos em uma sala escura, tudo apagado, somente um leve zumbido se fazia audível e as luzes pessoais de Alberto e Márcia.

Alberto convidou-me para sentar e, assim que me ajeitei na grande poltrona, senti meu corpo puxado, como fixado nela, eu mal conseguia me mover. Nisso, à minha frente, desceu uma grande tela de cinema.

– Muito bem, Ricardo, você está em um dispositivo que consegue acessar suas memórias sensoriais, das vidas passadas, usando sua mente superior.

Na imensa tela começou a passar um filme, um cenário antigo, construções bem simples, e lá estávamos eu e Sara! Ela era minha mãe! Eu tinha 7 anos!

– O que você vê, Ricardo, é uma de suas passagens terrenas, foi em mais ou menos 800 a.C. Vocês trabalhavam para um celta nobre, dono da Terra, na região da Irlanda. Ele permitiu que você e sua mãe morassem lá, em uma pequena casinha, em troca dos serviços que ela prestava na casa principal.

Mas logo percebi que minha mãe chorava demais quando chegava em casa, e eu, totalmente dependente dela, sem saber o que fazer, me encostava em suas pernas, enquanto ela chorava.

– Nesse período, você criou uma enorme dependência dela e, com os acontecimentos, foi despertando em você um ódio de todos à sua volta.

Passaram-se os anos, eu já tinha 16 e minha mãe havia dado à luz dois irmãos, um com 3 anos e outro com 5 anos.

Um dia, minha mãe saiu para o trabalho e ao anoitecer ela não voltou. Eu e meus irmãos começamos a ficar preocupados. Eis que entra pela porta um senhor todo sujo de sangue, com um facão na mão, e sem que eu pudesse fazer nada, desfere dois golpes mortais em meus irmãos. Diante daquela cena de horror gritei e pulei para cima dele e entramos em luta corporal. Eu consegui retirar o facão daquele homem e cravei-o em sua cabeça, matando-o instantaneamente.

Saí correndo desesperado, em direção à casa principal, e notei que a mulher do dono da casa estava na varanda. Quando ela me viu com o facão e sujo de sangue, gritou para que os matadores de lá viessem atrás de mim.

Ao perceber, corri para o mato, escondendo-me por vários dias, andando sem rumo. Anos mais tarde, descobri que a minha mãe havia sido assassinada pela mulher, pois ela descobrira que seu marido a forçava a ter relações com ele, devido à sua beleza e simplicidade.

– Nesse período, Ricardo, seu ódio cresceu a ponto de você montar um grande grupo de ladrões e assassinos. E você levou terror por aquelas terras por anos e anos, saqueando as aldeias, matando todos que entrassem em seu caminho. Sua força de liderança era notável. Até que chegou o dia em que você retornou àquela casa e assassinou a todos. Mas, ao voltar para a espiritualidade, você entrou em choque com os envolvidos, passando um longo período de sofrimento nas zonas inferiores. Sendo que somente uma nova encarnação foi o remédio para tirá-lo do processo no qual havia se colocado, com o objetivo de começar a restaurar seu equilíbrio.

Ao ver aquele grupo que comandava, notei um rosto familiar.

– Aquele ali, espere, pare o filme! Eu conheço esse rosto, ele era um dos que estavam, agora, no umbral me torturando. Agora eu me lembro, era o Loman.

– Sim. Vocês eram amigos, mas seu grupo foi contratado para dizimar uma pequena vila, e nessa vila moravam os familiares dele. Eles foram mortos por você, que queria mostrar a todos que ter família era fraqueza, mas ele, revoltado, partiu para cima, e sua experiência e força o sobrepujaram, e você deixou o corpo dele inerte junto aos seus familiares. Desde então ele o acompanha, pedindo vingança, tentando atrapalhar suas encarnações.

Meu Deus, quanto erros! Como pude fazer isso? – pensava me autopunindo.

– Não pense assim, Ricardo, todos cometemos erros diante da infantilidade de entender a vida. Somente o tempo é o grande curador e o grande mestre de nossos caminhos. O mal que você fez ontem será a luz que terá amanhã. Após a tempestade, brota-se nova vida com mais força. Não se julgue, você fez o que achou certo e o que entendia na época como caminho, sem contar que você teve de lidar com o horror e a maldade da humanidade muito cedo nessa encarnação.

Suspirei aceitando todo aquele quadro de situações passadas. Estava agora de outra forma, com outro entendimento e, ajudado por pessoas maravilhosas, não tinha do que reclamar, meu passado iria me servir para meu aprendizado; só me restou aceitar o que havia sido realizado.

– Bom, vamos continuar – disse Alberto.

Após um longo período, longo mesmo, mais ou menos 300 anos terrestres, mas lhe garanto que esse período de sofrimento deu a impressão de ser muito mais, novamente eu estava em uma encarnação voltada para o meu equilíbrio. Nessa encarnação eu trouxe uma forte deficiência mental e paralítica, foram 30 anos de demência, e passei os dez últimos anos atormentado pelos espíritos com quem havia adquirido débitos no passado e que me perseguiram no Umbral. De alguma forma eles haviam me achado no corpo físico.

Graças à minha memória espiritual ser temporariamente apagada, eu não tinha a mínima noção do que estava acontecendo e, sem entender, via meus perseguidores enraivecidos, gritando meu nome da última encarnação e tentando me atacar.

Posso dizer que, aos olhos terrenos, uma pessoa que nasce em condições de dependência física é triste e preocupante, pois aquele ser está debilitado, dependendo de pessoas a todo momento, mas lhe digo que, no meu caso, foi uma bênção essa encarnação, pois além de eu ter uma certa proteção, por estar em um corpo físico e assim impossibilitando meus perseguidores de me atingirem diretamente, meus centros nervosos e meridianos energéticos foram aos poucos se reestruturando, com a ajuda do corpo.

– Ricardo – complementou Alberto –, esse período foi necessário, pois você estava totalmente em desequilíbrio magnético e somático, seu psicossoma estava seriamente danificado e alterado, por causa do longo período nas zonas inferiores, então foi necessária essa encarnação para que seus centros nervosos e magnéticos fossem alinhados novamente e reestruturados, usando a força gravitacional e de contenção existente no corpo físico. Já esses espíritos que lhe encontraram nos anos finais dessa vida terrena conseguiram achá-lo através da assinatura vibracional, pois conforme seu corpo espiritual era reestruturado, sua marca energética ficava mais fácil de ser encontrada, mas isso estava previsto pelos senhores da luz.

E realmente, durante essa encarnação, os irmãos na luz trabalharam incessantemente para o resgate dos seres desequilibrados que estavam atuando em minha vida. Quase todos foram resgatados, restando meu ex-amigo Loman, com mais alguns somente, que acabaram fugindo. Posso dizer que, ao desencarnar, fui levado para a cidade espiritual que ficava, naquela época, na região da Itália (hoje) perto dos três picos, e lá pude terminar minha reestruturação energética e magnética, assim como me reajustar com a maioria dos meus algozes da época.

Após algumas décadas novamente encarnara, no período romano, e dessa vez Sara me acompanhava. De grandes posses, tendo-a como esposa, ela trazia um desvio sexual, ela tinha repúdio ao contato físico, sem contar do sexual. Seu espírito estava marcado por traumas.

Como minhas tentativas de aproximação eram repudiadas, eu acabava usando da força bruta, mas sentia que estava cometendo um grave erro, e aos poucos fui me desinteressando por ela. Nossa relação tornou-se fria e casual, sendo usada para encontros políticos e festas sociais.

Sem pensar, comecei a procurar prazer nas casas de prostituição da época, sem contar as inúmeras escravas, forçando-as a me satisfazerem.

Ao meio de minhas lembranças, Alberto comentou:

– Nessa vida, você tinha a missão de trazer à razão esse espírito que está ligado a você por séculos, cuja tarefa era ajudá-la a restabelecer seus centros magnéticos ligados à sexualidade. Mas por causa do quadro de frigidez que ela apresentava, e você no auge do poder e da idade, deixou-a de lado e foi procurar a companhia de outras mulheres. Quando ela descobriu, entrou em desespero total e suicidou-se na sua frente. De resto, essa sua encarnação acabou prorrogando o reajuste pessoal, e suas escolhas equivocadas o fizeram retornar ao umbral. E novamente você às lidas da cobrança da vida e da evolução.

Minha memória era despertada a cada momento, e comecei a relembrar de tudo que havia passado. Passei por mais um período no umbral, sendo acusado por Sara e pelos escravos aos quais havia levado tortura e sofrimento. Estava novamente a olhar e lidar de frente com minhas escolhas infantis feitas nessa encarnação.

Novamente a tela iluminou-se e estava entrando em nova encarnação, dessa vez Alberto mal deixou eu assisti-la.

– A penúltima encarnação, de vocês juntos, ocorreu após um longo período de aprendizado no plano espiritual e nas colônias. Vocês renovaram votos de confiança e voltaram como mãe e filho, tendo Fábio como seu pai. Suas energias antagonizaram-se imediatamente. Ele bebia e era agressivo com sua mãe, e você a defendia sempre que possível, já que você era bem franzino e ele bem mais forte. Teve algumas vezes que ele lhe espancou quase à morte, se não fosse sua mãe a interferir. Tudo isso lhe trazia uma sensação de medo e insegurança, e essa sensação fez com que você tomasse posse dela, disputando e querendo atenção exclusiva, não deixando-a viver como deveria. E com essa postura, e a difícil experiência, ela começou a despertar repulsa de ambos, pela atual situação que passava com Fábio e também devido às lembranças inconscientes de seu passado com você. Começou a despertar mais intensamente raiva e medo. E assim, o que deveria ser uma encarnação praticamente leve, sem problemas mais sérios, acabou se tornando um período extremamente conturbado, para vocês três, no sentido familiar e espiritual. Mas com o desencarne de Fábio, que faleceu enquanto travava luta corporal com você, ele embriagado, ao ser empurrado, caiu desacordado fazendo-o se afogar no próprio vômito. Você ficou simplesmente olhando-o e o deixou para a morte, ocorrendo o desencarne. Acabou preso pela comunidade local, mas julgado inocente em defesa de sua mãe. Terminando finalmente essa encarnação juntos, com o espírito do seu pai preso no umbral.

Nisso, na tela, noto a presença de Loman, o passado me perseguia novamente.

– Alberto, vejo aquele irmão que jurou me perseguir em todos os momentos.

– Sim, ele acabou encontrando sua assinatura energética e pôs em prática seu plano de atrapalhar sua encarnação. Ele incitava Fábio a beber e agredir a todos, pois Fábio era um espírito fraco. Boa parte dos problemas vivenciados por vocês ocorreu por causa da influência espiritual dele, que além de tudo, trazia as lembranças passadas para a vida presente, mas como no corpo há intrínsecos mecanismos de proteção, o que despertava em vocês eram sensações e vagas lembranças energéticas.

– Nossa, incrível como o corpo físico fornece proteção para nós que estamos nesse trânsito encarnatório.

– Sim, ele ainda é um corpo grosseiro, mas essencial para a atual fase de evolução em que os espíritos na Terra se encontram. Sem ele, o trabalho de ajustes energéticos seria demasiado longo e cansativo.

– Mas esse irmão ainda conseguiu escapar do alcance da Luz, Alberto?

– Sim, sempre que os irmãos se aproximavam, ele e o grupo trevoso saíam correndo; nessa época ele já estava preso a uma cidade umbralina, adquirindo refinamento e conhecimento espiritual nas artes trevosas de obsessão e sofrimento, tornando-se um reconhecido ser daquele lugar. Houve um período em que ficou preso em uma colônia prisão, mas nem isso o ajudou a desanuviar a ideia de prejudicá-lo. Ele está em um profundo processo de cristalização mental, que se iniciou pelo ódio que estava de você, mas foi agravado pelos trabalhadores das sombras, enraizando pensamentos cristalizados dentro de sua mente inferior, o que dificulta muito o processo de recuperação. O ser, vivenciando esse tipo de processo, sofre ininterruptamente.

– Pois é, eu vejo que ele ainda nos acompanhou, quase até o fim da encarnação.

– Sim, mas você e Sara tinham uma vaga lembrança do compromisso assumido e já estavam com uma certa força moral. Devido a isso, vocês sentiam até onde as desavenças deviam ir, não permitindo que extrapolassem para algo mais sério, pelo menos entre ambos. E assim, no fim dessa encarnação vocês voltaram à colônia espiritual, com a tarefa de uma certa forma cumprida, mas Sara não queria sua presença, pedindo para ser transferida de colônia, só que nesse período você fixou-se a ela de uma certa forma que acabou sofrendo muito com a separação momentânea.

– Ela teve mais uma encarnação, logo após a separação, e você continuou na colônia, trabalhando, estudando e melhorando seu conhecimento sobre os caminhos intrínsecos da vida e da evolução.

– Entendi, mas sinto que tive mais uma encarnação.

– Sim, após o período de aprendizado e alinhamento espiritual, você encarnou nas selvas do atual Brasil. Voltou para ter noções de espiritualidade terrena, comunhão com a Natureza, Liberdade de Alma, foi um dos xamãs da tribo Cauanis, na região hoje do Mato Grosso. Era uma tribo com grande conhecimento espiritual e grandes caçadores que se utilizavam de pássaros, extinta durante o desbravamento dos bandeirantes. Mas sua encarnação foi antes do período de descobrimento.

– Sim, estou me lembrando; apesar de toda a simplicidade na forma de viver, era rico em conhecimento, em clareza de alma, foi um dos melhores momentos vividos na Terra.

– Exato, você fez grandes amigos e despertou sentidos espirituais, que viviam adormecidos em você desde então.

– Sim é verdade, agora me lembro, essa energia que encontrei, quando dormi... Já tinha entrado em contato com ela nesse período, mas foi de uma forma diferente, somente em minha iniciação na tribo, ela veio e marcou meu corpo espiritual com símbolos. Agora estou me lembrando de tudo.

– Correto, Ricardo, você entrou em contato com uma das energias primárias da Criação. São forças com o sopro vital, formas de vida, diferentes das nossas. São expressões da Criação, originadas no início dos tempos para cuidar da evolução do Universo e mesmo dos seres. Apenas alguns deles são mais ou menos conhecidos no plano terreno, que são chamados hoje de Orixás, mas já foram chamados das mais variadas formas durante o percurso de evolução humana. Apesar de que, hoje, a forma que utilizam para se conectarem a essa energia ainda é grosseira, pois com o tempo perdeu-se o caminho de entrar em comunhão direta e espiritual, utilizando-se atualmente de oferendas, mas isso ocorre porque está havendo um processo de resgate na forma de lidar com forças da Criação, e tudo demanda tempo e entendimento, através da própria evolução da religiosidade, ou inteligência espiritual.

– Inteligência espiritual? Como assim? – perguntei curioso.

– Inteligência espiritual é a capacidade do ser de enxergar a criação de acordo com seu entendimento da vida, quanto mais velho e mais experiente for o espírito, maior sua inteligência espiritual. Ela existe em todos os seres, está latente dentro da mente superior, mas, conforme é despertada, ela vai atingindo graus de consciência, e o indivíduo vai despertando para a comunhão universal. Grandes Mestres, que já passaram pela Terra, adquiriram um alto nível de inteligência espiritual, dando-lhes a capacidade da própria criação, sendo capazes de impor sua vontade sobre a matéria e até alterá-la.

– Entendi, então o caminho é através do perdão, do amor, o que ensinam para nós na Terra?

– É um dos caminhos, mas não é o único: a força espiritual, o conhecimento através do estudo, a experiência adquirida por meio das vivências espirituais, a confiança e a fé em si e a retidão de caráter, tudo também pode despertar a I.E.[9] Na verdade, quando você começa a alcançar graus de I.E., em sua evolução, tudo que existe de sentido espiritual: Amor, Fé, Conhecimento, Força, Razão, Emoção, Harmonia – começa a ser adquirido pelo espírito em absorção do grande mar magnético da Criação. As forças magnéticas dos sentidos da criação começam a penetrar no ser, em suas células, através dos corpos superiores, infundindo-as, mexendo na estrutura psíquica e despertando uma imensa vontade de aprofundar-se no sentido tocado.

– Nossa, é muita informação.

– Sim, e nessa encarnação pela qual passou, você teve, através de rituais xamânicos antigos ligados diretamente à energia de Criação, o primeiro contato e início do despertar da I.E.

– Então, no fim dessa encarnação, voltei para a vida nas colônias, correto?

– Sim, lembre-se, você ficou na colônia Saber das Matas, onde continuou seu aprendizado, um local em que se reúnem os antigos xamãs e espíritos ligados à Natureza.

– Verdade, nessa época consegui aprender sobre as formas energéticas e reativas das plantas, a evocar a força elemental da erva para extrair sua potencialidade curativa ou mesmo destrutiva, aprendi processos de extração magnética de tudo que está no plano terreno e espiritual. Como

---

9. I.E = Inteligência Espiritual.

pude esquecer tudo isso e fazer o que fiz em minha última encarnação? Não entendo.

– Quando encarnado, você sofre um esquecimento momentâneo de tudo, por meio de ação magnética negativa e de grande ação de reclusão de seu mental inferior, antes de encarnar. Por causa disso, as experiências terrenas podem despertar sentimentos destrutivos ou negativos que ainda estavam guardados em sua estrutura psicossomática, vivências de caráter negativos, traumas, sentidos negativos despertados por experiências, mas que foram contidos nas diversas camadas psicológicas do mental inferior, podem surgir por meio de algum gatilho que traga a sensação já vivenciada anteriormente, trazendo assim para o espírito uma grande oportunidade de harmonizar esse sentido negativado e assim neutralizar sua ação dentro de sua esfera espiritual.

– Mas tudo isso acabou culminando nesta última encarnação. Você e Sara se reencontraram na colônia que ela estava, a pedido dela, e assim, ambos voltaram ao mesmo tempo para o plano terrestre. O que foi traçado no destino pessoal de ambos era que voltariam, se encontrariam e poderiam ter um período como amantes, devido à energia do passado, mas após um tempo seriam somente amigos, e deveriam aprender a se tolerarem e se respeitarem. Por causa do suicídio praticado no passado, ela iria viver menos que você, pois iria ter um agravamento em sua saúde física, o que faria de você o cuidador das necessidades que ela tivesse, assim sua resignação iria despertar o amor fraterno nela com relação a você. E após o retorno dela para a espiritualidade, você iria seguir um caminho de religiosidade no plano terreno. Até chegar seu momento de retornar.

– Agora compreendo tudo, Alberto, minhas experiências passadas com ela fizeram os sentidos negativados, que estavam latentes, serem despertados nessa encarnação. Quando tive a sensação de que iria perdê-la de novo, deixei-me levar pelos sentidos e baixei a guarda espiritual. Ao perceber que os dados do destino estavam rolando, desesperei-me e, movido pelas sombras, deixei-me dominar por meus inimigos espirituais e quebrei o acordo que havíamos assumido antes de encarnar. E novamente paguei por minha inexperiência.

– Você não pagou, aliás ninguém paga nada, tudo é feito e conduzido conforme o desejo dos envolvidos, desde que esteja em acordo com as Leis Maiores. Ninguém é obrigado a nada, mas dentro de nós há um sentido de criação que nos leva a querer acertar as coisas, em fazer a paz com seu próprio ser, pois está em nós o caminhar para um sentido maior de existência, e esse caminhar exige a harmonização e equilíbrio. Mas, se o ser assim não desejar, ele pode ficar indefinidamente no atual estágio que esteja, e assim ele mesmo acaba se tornando um elemento de uso da própria evolução para os demais. Nada é perdido no Universo. Aliás, nada está errado, pois acreditar nisso é assumir que a Força de Criação é falha, a única coisa que, enquanto dentro do plano dual de evolução, estamos presos pela Lei de Causa e Efeito. Cada escolha nos traz uma resposta, rápida ou não, dolorosa ou não. Mas tudo está certo, dentro das engrenagens da evolução espiritual, nada do que acontece está fora ou não foi previsto por Deus e pelos seres universais responsáveis pelo Destino. O livre-arbítrio não existe da forma espontânea e causal, como assumiram no plano terrestre. Todos que encarnam possuem um complicado mapa de destino, em que são previstas todas as realidades possíveis e reações do envolvido e suas consequências, podendo mudar ou não a realidade atual. Vamos dar seu exemplo, vocês combinaram uma encarnação, então voltaram para a Terra, já com o mapa de destino traçado pelos Mestres, mas sua perturbação pessoal o levou a finalizar a experiência de Sara, e mudou todo o seu destino principal, mas antes de encarnar todas as possibilidades são estudadas e esperadas, então quando você tomou outro rumo, esse caminho já havia sido traçado e já era conhecido, ou seja, já sabiam dessa possibilidade de realidade. Seria mais ou menos assim: eles traçam todas as possibilidades de reação da pessoa diante das escolhas, analisando o atual estágio do despertar de seus sentidos da Criação, assim como todos os sentidos negativados latentes e presentes, e também todos os envolvidos na realidade atual, junto com seu atual perfil psicológico. Diante disso, eles sabem as finitas possibilidades que você pode ter nas encruzilhadas do momento atual, e cada reação pode direcioná-lo pelo caminho já assumido ou mesmo jogar sua realidade em outro já desenhado. No Universo não existe o acaso, tudo está dentro de Leis Perenes da Criação, nós não seríamos caso à parte, enquanto estivermos encarnando e dentro da esfera humana de aprendizado estaremos dentro de uma Lei Maior chamada Realidade de Evolução, e essa Lei nos tira esse livre-arbítrio. Ainda somos crianças dentro da Criação, você acredita realmente que estaríamos livres para fazer o que desejássemos sem supervisão maior, mesmo sendo indireta? Seria o mesmo que você deixar seu filho de 2 anos a caminhar sozinho por onde quisesse. Eles permitem que nós tenhamos a sensação de donos de nossas escolhas, para que assim despertemos, com o tempo, o sentido de unicidade com o Criador.

– Entendi, dentro de mim surgiu uma enorme vontade de fazer as pazes com meu Eu Supremo e assim assumi essa encarnação, diante disso foi desenhado meu plano de vida, vamos dizer assim, pelos Mestres da Realidade, junto com todas as realidades possíveis, correto?

– Exato.

– E diante disso, fiz a escolha que mudou os planos destinados, mas essa escolha já era prevista dentro de meu mapa de evolução e destino, é isso?

– Correto, por isso que nada na Terra está errado, desde a mais terrível das experiências, pessoais ou em grupo, até mesmo das mais sublimes, tudo está sendo acompanhado e é esperado dentro da Lei Maior de Realidade de Evolução. A Terra é uma grande escola, e no momento em que ocorre a encarnação, há um grande fio de experiências e vivências coletivas que faz a conexão um ao outro, até o momento do desencarne. Ou seja, todos estão conectados em um nível coletivo planetário, sendo responsáveis cada um pelo outro. Mas a atual I.E. dos que estão na escola terrestre não permite enxergar isso, presos aos problemas pessoais e ao materialismo e imediatismo acham que tudo está ao acaso e que não existe nada além do que sua atual existência, ocasionando as mais sérias situações negativas contra si e contra o próximo. No momento que esse sentido de ligação e responsabilidade coletiva for compreendido, a consciência individual será encaminhada para um outro nível e as mudanças de padrão vibratório da Terra irão se concretizar.

– Obrigado, Alberto, por essas valiosas lições, estou fascinado por todo esse conceito novo.

– Como eu disse, somos responsáveis uns pelos outros e eu que agradeço de permitir e estar aberto para que eu lhe transmitisse esse conhecimento.

– Acredito que agora sim, sua jornada se iniciará, está pronto para se superar dia a dia e assumir seu próprio crescimento dentro da luz da razão e do conhecimento? – falou Márcia com alegria.

– Mais do que nunca!

E assim, cheios de luz espiritual, saímos da sala de projeções, rumando até a entrada do Centro de Ajustes Espirituais, mantendo uma suave conversação.

Capítulo 6

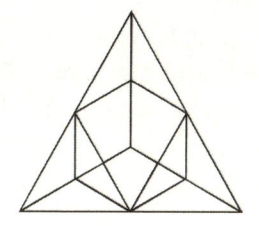

Resgatando uma Vida

Todo o processo pelo que passei foi realmente impactante, tudo é engendrado, tudo está correto na forma de ser e acontecer, pois escolhendo o correto ou não, a alegria ou o sofrimento como resposta, tudo são formas de evolução e aprendizado, e ninguém escapa da necessidade da paz com seu Eu Superior. Por mais que você negue, brigue, ignore, não acredite, ela está lá e pede para que você se harmonize diante do tempo e da evolução, sem reclamações, sem vitimismo, apenas aprenda, entenda e trabalhe a favor de si para melhorar seu caminho.

– Ricardo – perguntou Alberto –, você começou a entender tudo com uma nova forma de ver a espiritualidade e a própria evolução. Dessa forma ficará mais fácil você realizar a paz com seu Eu Superior, mas, além de entender e querer, é necessário ter vontade e estar pronto para o necessário, e por isso lhe pergunto, você está disposto a aceitar seu destino e o dos que estão diretamente ligados a você?

– Sim, Alberto, eu preciso! Chega de tomar decisões equivocadas, preciso recuperar minha autonomia espiritual e seguir meu caminho.

– Ótimo, então entremos na sala de aprendizados espirituais, por ali.

Subimos uma escada, indo ao andar superior do salão. À minha volta havia aparelhos, projeções de lugares na Terra, no alto vários painéis e espíritos fazendo ajustes, flutuando de um lado para o outro da sala, e no centro uma cópia do Globo Terrestre.

– Tudo aqui é destinado à tarefa de ajustes espirituais, seja individual ou de um grupo. Daqui acompanhamos nossos protegidos, situações específicas que estejam acontecendo e requerem nossa atenção, e assim, se houver qualquer problema, podemos alertar superiores para tomar atitudes necessárias. Aqui também realizamos contenção magnética de emoções para espíritos que necessitem realizar determinada tarefa nas zonas trevosas mais densas, e também usamos esse aparelho para localizar pessoas que estejam presas em zonas sombrias, e é o que faremos a você agora.

– Como assim? – perguntei, assustando-me com a surpresa.

– Venha, sente-se aqui, iremos ligar esses fios em você e eles, através de localização vibratória, irão até onde está Sara, realizando a leitura dos cordões magnéticos de ligação que vocês possuem.

Após conectarem os fios ao meu corpo, à nossa frente em uma tela, surgem Sara, Loman e Fábio, sendo torturados pelas criaturas horrendas, nem humanas pareciam, mostravam uma ferocidade sem igual, infligindo um grande terror a ambos.

– Esses imensos lobisomens, não parecem, mas são irmãos perdidos na ignorância do ódio e da raiva descontrolada por séculos. Endividados perante a vida e usurpadores da felicidade alheia, encontram-se há tanto tempo nessa deplorável condição que a própria evolução os cobra, deformando seus perispíritos e transformando-os no que são hoje. São seres que pararam no tempo e estagnaram suas evoluções, comprazendo-se em levar o terror, a dor e a insanidade para aqueles que lhes são direcionados. São espíritos já sem vontade própria, comandados pelos senhores da escuridão e usados para atormentar as vítimas. Mas mesmo para eles chegará o momento que a vida cobrará seu retorno à evolução, e eles não poderão mais fugir nem adiar, dando espaço para outros. Como eu lhe disse, nada existe ao mero acaso, tudo é usado dentro dos planos da evolução espiritual, sem vítimas reais ou algozes culpados, tudo contido nas engrenagens do aprendizado.

– Quero ajudá-los, Alberto; afinal, se eles estão lá eu tenho um pouco de culpa nisso.

– Não, meu amigo, a culpa é um sentimento que o coloca na mão de espíritos inferiores, não se culpe. Tudo está como está por escolhas pessoais e individuais, e cada um responde de acordo com elas. Eles poderiam estar em condições melhores se não se desequilibrassem e aceitassem seus destinos, e assim seguiriam suas vidas, isso é um sentido da Criação, a resignação, mas ao contrário, decidiram tornar-se juízes do destino e executores de carma, e na Lei Maior, quando você assume tal papel, seu desequilíbrio o fará assumir futuramente o papel do réu perante pseudojuízes mais cruéis. É o que está acontecendo agora para eles. Mas se estamos aqui reunidos é porque o sofrimento ao qual eles se colocaram está para findar. Pois o sofrimento intenso acabou por quebrar suas formações sombrias e deu início ao processo de lapidação interior de suas almas, dando espaço para o arrependimento, que já surge em seu ser.

Após um breve momento de silêncio, como se Alberto fosse mentalmente para algum outro local, voltando, olhou-me seriamente.

– Logo mais iremos ter com eles, mas antes você precisa aprender o básico. Primeira lição, equilíbrio mental: nós iremos descer até as zonas inferiores, onde você já conhece muito bem, e sabe que a loucura e o desespero andam de mãos dadas, levando o desequilíbrio para a região, e para não se perder no caminho é necessário equilíbrio nas emoções, será necessário desconectar-se do medo, ficar atento a possíveis ligações momentâneas com seres das trevas para não ser sugestionado e não ocorrer submissão psicólogica. Mostrar confiança, fé e vontade é fundamental para ter um retorno seguro, mas como você ainda está em processo de equilíbrio, iremos trabalhar suas emoções, para que não se afete diante dos acontecimentos que irá presenciar nas dimensões inferiores.

– Entendi, mas o que tenho de fazer?

– Agora nada, irei ligar novamente fios, mas desta vez estão conectados àquele cérebro ali no canto, e o dr. Marcos irá fazer o resto.

E novamente ligaram fios ao meu corpo, só que agora somente na minha cabeça, e o doutor foi me explicando.

– Trabalhei como neurocirurgião na Terra e adquiri um profundo conhecimento sobre os processos elétricos do cérebro. O cérebro espiritual não é muito diferente do terreno, aliás é o único órgão com a função mais parecida com a da Terra. Esses fios ligados à sua cabeça irão ativar processos límbicos e sensibilizar algumas zonas cerebrais responsáveis pelas emoções conflitivas, anulando essas sensações temporariamente. Dessa forma, você terá uma certa segurança psicológica nas zonas inferiores, já que você ainda não seria capaz de controlar totalmente seu medo, impressionismo e insegurança, e de se sustentar magneticamente sozinho nessas regiões. Esse aparelho mandará infrassons diretamente ao hipotálamo, anestesiando-o, os fios se ligarão aos neurônios e assim desligaremos temporariamente as sinapses neurais que desejamos atingir, desligando sua corrente de informações.

– Entendi – respondi assustado.

Alberto riu e disse:

– Fique tranquilo, meu amigo, não iremos controlá-lo nem mandar você fazer algo que não quisesse. Até porque essas emoções ainda são necessárias em você, então, depois do término da cruzada no umbral, você voltará aqui e essas emoções serão restauradas.

– Tudo bem, Alberto, dr. Marcos, quando quiser.

Eles sorriram e Marcos ligou o estranho aparelho que iluminou aquele cérebro, que possuía centenas de pontos luminosos pequenos, nos quais ele tocava com algo que parecia uma vareta, do mesmo material que o cérebro. Os pontos que ele tocava se apagavam e eu sentia uma leve dormência em minha cabeça. E assim, ao findar o processo, eu me sentia outra pessoa, minhas inseguranças e sensações de medo haviam sumido, eu era pura confiança e decisão, eu conseguia pensar muito claramente.

– Fantástico, dr. Marcos, sou outra pessoa.

– Sim, Ricardo, mas lembre-se, esse procedimento é temporário, pois essas sensações retiradas são necessárias para o seu caminho, então, terminando o processo você voltará aqui para a restauração neurológica.

– Uma pena, dr. Marcos, já estou gostando desse novo Ricardo – respondi com uma ponta de esperança de me deixarem assim.

– Hahaha, não pode, Ricardo – advertiu Alberto. – Sua harmonização interior depende de lidar com emoções construídas em seu eu inferior com o passar das encarnações, somente dessa forma você realmente terá o equilíbrio definitivo e terminará esse ciclo de encarnações para sua harmonização emocional.

– Entendi, Alberto, mas que estou adorando estar assim, estou, não vou mentir.

– Eu sei, e essa forma emocional é a que você tem de adquirir por força e vontade própria, mas acredito que com esse gostinho que você está sentido, a semente dentro de você germinada irá rapidamente evoluir.

Assim, Márcia, eu e Alberto nos despedimos dos demais irmãos que estavam trabalhando na sala e nos retiramos do Centro de Ajustes Espirituais.

– Vamos, Ricardo, precisamos ir até o Vértice de Limpeza e Equilíbrio, encontrar Amon.

Capítulo 7

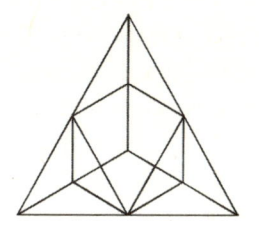

Uma Amizade Antiga, O Encontro com um Guardião

Saímos do Vértice Central e rumamos em direção ao vértice secundário do sétimo vértice, o Fogo Divino.

Paramos na entrada do vértice secundário e eu já podia sentir toda a irradiação daquele lugar.

– Tome, Ricardo, vista-se – disse Márcia, entregando-me um manto vermelho-alaranjado. – É necessário para que você não seja consumido pela vibração do vértice, esse manto nos fornece uma proteção magnética, isolando-nos das ações purificadoras e anuladoras do ambiente.

– O que aconteceria se entrasse aqui sem essa proteção?

– Bom, se você não tem o preparo magnético para trabalhar aqui, ao entrar você teria seu corpo espiritual e emocional consumido por essa energia, seria anulado enquanto ser, pois a irradiação e o magnetismo desse vértice são muito parecidos com a ação exercida pelo sol. A função desse grupo é justamente anular e neutralizar qualquer tipo de ação magnética do plano espiritual, e anular quer dizer neutralizar qualquer tipo de energia, positiva ou negativa, trazendo o objeto que sofreu a ação ao seu estado primário, para que seja harmonizado em uma nova estrutura evolutiva.

Peguei rapidamente o manto e me cobri.

– Não se preocupe, há proteções internas magnéticas que repelem quem não tem ressonância com esse local, então, se você não for iniciado no vértice ou se não estiver usando esse manto, seria repelido instantaneamente do local, faça o teste.

Tirei o manto e tentei passar a mão pela entrada, aliás uma grande porta vermelho-dourada, com lindas chamas divinas coloridas, desenhadas no meio. E qual não foi minha surpresa ao ver que minha mão era repelida, parecia que havia uma película fina de borracha invisível, mas resistente.

– Viu? Essa sensação é a repulsão magnética que o local possui, agora coloque o manto e tente abrir a porta.

Coloquei o manto e passei diretamente por aquela parede magnética, que não me permitira nem tocar na porta anteriormente.

Somente eu e Márcia colocamos o manto, Alberto disse que já tinha sido iniciado pelo vértice, na verdade, pelos sete vértices, tendo contato com cada uma das energias magnéticas da Criação, o que me deixou surpreso.

– Não se preocupe, Ricardo – disse Alberto –, todos que estejam conectados evolutivamente a essa cidade passarão pelos vértices com o tempo, a Márcia mesmo, já se iniciou em dois vértices.

– Sim, é verdade, já me iniciei no Segundo Vértice, do Amor, e no Quinto vértice, de Cura Mestres e Conhecimento. Você, acredito que logo será chamado para a iniciação dos vértices, não se preocupe – disse Márcia, piscando alegremente.

Entramos no vértice do Fogo Divino, e o que vi me deixou boquiaberto. Um amplo salão com muitas salamandras do fogo e também um tipo de elemental que desconhecia, seres minúsculos no formato humanoide, feitos de fogo das mais variadas cores. O salão inteiro por dentro parecia estar em chamas, e vários espíritos e alguns seres executando as mais variadas tarefas, a maioria vestindo túnicas vermelho-alaranjadas, iguais às nossas, mas alguns estavam vestidos de fogo, a aura dessas pessoas era puro fogo, algo muito impressionante de presenciar. O próprio Alberto, assim que entrou, mudou sua energia, que antes irradiava um azul-celeste, para esse fogo, como uma aura.

– Bom, Márcia e Ricardo, preciso resolver assuntos neste vértice, por isso vim com vocês, vou me retirar e esperarei vocês aqui – e saiu em direção ao andar superior, atravessando algo que parecia uma cortina de fogo entre os andares.

– Os irmãos que não usam as túnicas são os iniciados no vértice, estão em harmonia com todo esse fogo divino e conseguem manipulá-lo de acordo com suas vontades.

– Impressionante, Márcia, parece que estão vestidos de uma roupa de fogo.

– Sim, mas o que você interpreta como fogo é somente a energia espiritual que eles emanam, como nós, que temos nossas luzes do Sentido da Criação visíveis, a deles tem um outro tipo de irradiação, dando essa impressão de ser chamas. Mas venha, vamos atravessar o vértice, pois precisamos ir à Travessa dos Guardiões do Fogo.

Os espíritos iniciados desse vértice se movimentam muito rápido, com gestos curtos e um olhar desafiador, somente quem estava com túnica caminhava no salão.

Passamos pelo vértice secundário e tomamos de novo o caminho principal até o Sétimo Vértice.

– Entremos nessa rua, essa aqui é a rua dos Guardiões do Vértice; cada vértice contém a sua, vamos até aquela construção que parece feita de obsidiana.

Vários espíritos, homens, mulheres e crianças, caminhavam por essa rua, construções das mais variadas formas. Algumas que imitavam o vértice secundário, outras em um material que parecia pedra, mais algumas em cristais, todas transparentes e, dentro, algumas construções tinham algo parecido com pequenas estrelas e outras com pequenas chamas coloridas.

– Os manipuladores etéricos podem solidificar e dar qualidade à energia primária universal, dando o formato que quiserem para os objetos que desejam criar na cidade. Pode ver, parecem pedras, mas não são realmente, mas a estrutura molecular que dá o fator qualitativo delas é idêntico, somente estão eterizadas e alguns elementais fazem parte das construções também, que são essas minúsculas labaredas – explicou Márcia.

Os seres dessa rua possuem uma particularidade: ao olharem para nós parece que puxam os mais profundos desejos e sentimentos, despertando sensações e lembranças antigas que estavam guardadas em nossa alma; ao mesmo tempo que expressam uma jovial alegria, seus olhares são profundos e perfurantes.

Chegamos perto da construção e em sua entrada havia um rapaz aparentando uns 30 anos, de olhar firme. Ao nos avistar, veio em nossa direção.

– Olá, minha querida! – disse direcionando um olhar amoroso para Márcia.

– Oi, Amon, este é Ricardo, mas acredito que você já o conheça – disse com um suave sorriso.

– Olá, Ricardo! Quanto tempo que não nos vemos. Acompanho mentalmente você desde que entrou na cidade. Que interessante! Quis o destino que nós viéssemos a nos encontrar novamente nessa jornada espiritual.

Eu o cumprimentei olhando-o diretamente e pensei: "Conheço de algum lugar, mas não me recordo".

– Nós tivemos uma vivência juntos no plano terrestre, em época distante, quando você liderava um grupo de ladrões e assassinos, isso há muitos séculos. Na época meu nome era Egon.

A todo momento ocorria algum acontecimento que estava ligado àquela minha encarnação antiga. Como ela está sendo expressiva em meu ciclo. Juntamente com Loman, ele foi um de meus braços direitos no grupo; eu o tratava como meu irmão, tendo um profundo respeito. Hábil lutador e muito persuasivo para com os outros dentro do grupo, era uma das peças essenciais do meu bando daquela época. Possuía a mesma sede de sangue e vingança, pois seus pais e parentes também foram mortos naquela época por guerreiros celtas a mando de tiranos.

– Eu me lembro, Amon, fico feliz que esteja aqui e com tanta luz espiritual, e realmente agora sei que estarei seguro nas zonas inferiores – disse sorrindo para tentar quebrar a situação.

– É verdade, grande foi meu sofrimento ao término daquela encarnação, assim como você. Meu processo de harmonização e ajustes foi longo e exigente, ainda há muito o que fazer em minha jornada pessoal, mas o pior já passou. Tudo isso é passado e serviu para nos guiar diante da vida, agora o que interessa é o aprendizado incessante, e se você também está aqui, quer dizer que boa parte do passado você já deixou para trás também, isso é bom e fico realmente feliz, meu amigo – terminou de falar, dando-me um forte abraço.

Senti uma forte emoção, estava diante de uma das pessoas que nessa encarnação passada foi um grande amigo, mas o destino nos separou, para que vivenciássemos as experiências necessárias, reunindo-nos novamente aqui.

– Sim, Amon, grande foram as escolhas equivocadas em minha jornada, mas isso também é passado e agora quero seguir meu caminho, evoluir e buscar minha harmonização com o Universo.

– E você irá conseguir, tenho certeza. Márcia, logo mais iremos até o Vale do Horror, temos ordens para destruir aquela facção espiritual trevosa e dar fim aos processos negativos instalados no plano espiritual e entre os encarnados. Se vocês estão aqui, quer dizer que irão conosco, correto?

— Sim, Amon, naquele lugar há dois espíritos ligados ao Ricardo há muito tempo, presos e sendo torturados, infelizmente, mas logo mais já estarão prontos para ser resgatados.

— Aliás, Egon, quer dizer, Amon, Loman está entre eles. Você se lembra dele, não lembra?

— Sim, Ricardo, ele era praticamente seu irmão, que teve o fim que conhecemos; muito interessante o destino nos reunindo.

— Nada é ao acaso – disse Márcia. – Acredito que a vida os estão reunindo para realizar os ajustes necessários.

— Entendi, mas o Ricardo ainda é novo na cidade, você acha que é seguro ele ir conosco?

— Sim, ele já fez o alinhamento e a supressão mental das emoções conflitivas, o que dará suporte para essa descida. É necessário que ele esteja presente no processo de resgate, para que seja possível despertar a consciência dos envolvidos através do choque, pois o longo período de tortura a que eles foram submetidos os deixou mentalmente fragilizados e em desequilíbrio.

— Entendo – nisso Amon olhou tão profundamente para mim, que senti cada molécula de meu corpo ser vistoriada.

— Hum, ele realmente está fixado no processo hipnótico de proteção. Então não teremos problemas nessa parte.

— Sim, ele está firme como uma rocha – brincou Márcia. – Graças ao que foi realizado com o dr. Marcos.

— Antes de mais nada, Ricardo, irei dar-lhe alguns objetos para você carregar, que terão a função de protegê-lo mais ainda. Venham, vamos entrar.

Ao entrarmos naquela construção, dentro era simples, paredes bordô com rodapés e teto brancos, e havia muitos objetos dentro. Amon foi em direção a uma capa preta e roxa, um colar feito de cristais vermelhos e uma esfera cristalina na cor lilás escuro com o desenho de uma caveira dentro.

— O que é tudo isso, Amon?

— A capa tem ação magnética isolante e constritora, mantendo sua aura e assinatura energética em segurança, não sendo detectável por manipuladores psicológicos trevosos. O colar irá lhe dar uma proteção contra qualquer tipo de descarga energética negativa que possa se chegar até você, repelindo a energia agressora através de forças magnéticas ígneas. E, assim como o colar, essa esfera tem a propriedade paralisante. Se alguém com desejo agressivo tentar se aproximar de você, a energia contida na esfera será ativada e o alvo será instantaneamente paralisado, dando a oportunidade de Exus recolherem o agressor.

– Você é um Exu, Amon?

– Não, eu sou um Guardião do vértice; diferente dos Exus, nós zelamos pela harmonia e movimentação energo-magnética do vértice, e também atuamos em tarefas designadas onde nossa presença seja necessária, desde esferas superiores a esta até o plano terrestre. Cada vértice possui seus Guardiões com funções claras. Nós, aqui, estamos no vértice de Limpeza e do Equilíbrio, que ocorre através do fogo divino. Quando somos designados para algo, geralmente levamos o fogo paralisador e equilibrador para ambientes ou pessoas que necessitam desse tipo de intervenção, quebrando as vibrações viciosas e dando-lhes novo direcionamento. Exus são seres que atuam diretamente com irmãos do plano terrestre e dos umbrais, sendo os executores das Leis de Ação e Reação, mas, dentro da própria classe de espíritos chamados de Exus, temos os mais experientes, seres com profundo conhecimento das Leis, até os mais rebeldes, seres arredios e que trabalham de forma ainda grosseira perante a evolução, geralmente conduzidos por outros Exus, mas mesmo assim ainda não são conhecedores e aplicadores naturais da Lei, sendo comandados, ou mesmo se tornando aplicadores inconscientes dessa Lei. Na terra, hoje eles gostam de falar que são Exus pagãos. Há uma grande diferença entre Exus e Guardiões.

– Isso é algo que ainda irei aprender, futuramente – falei para ambos.

– Eu sei que irá, pois está em sua jornada – disse Amon. – Bom, logo mais iremos nos encontrar no Vértice Central, no segundo andar, dentro do grande Salão Universal, para darmos início à tarefa designada.

– Entendido, Amon, ao iniciar você nos chama? – perguntou Márcia.

– Sim, fiquem tranquilos; Ricardo, ficarei com suas coisas e lhe entregarei no Grande Salão, ok?

– Sim, Amon, sem problemas, até mais tarde.

– Até mais, Amon.

– Até, nos vemos logo mais.

Saímos em direção ao vértice secundário para encontrar com Alberto e contar todas as novidades, e assim voltamos ao Vértice Central.

Capítulo 8

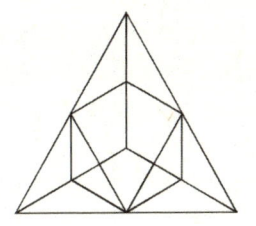

O Grande Salão

Estávamos Eu, Márcia e Alberto reunidos no caminho principal até o Vértice Central.

– Ricardo, você terá uma experiência única, acompanhar uma reunião e a intervenção direta dos Senhores da Transformação, é algo muito raro de acontecer neste plano. Agradeço por estarmos juntos nessa experiência – disse Márcia.

– Eu também, Ricardo, participei algumas vezes, a última muitos anos atrás, quando, após o fim da Grande Guerra, espíritos de altíssima evolução nos Sentidos da Criação vieram até nós para passar as diretrizes a serem tomadas diante da necessária reconstrução espiritual.

– Grande Guerra, você diz a Segunda Guerra Mundial? – perguntei a Alberto.

– Não. Houve, pouco após o término da Segunda Guerra Mundial, uma grande movimentação trevosa, com o objetivo de destruir as colônias e comunidades espirituais mais próximas à Terra, que estavam trabalhando no recolhimento dos irmãos desencarnados pela guerra. Esses seres ficaram com muito ódio e aproveitaram a grande movimentação magnética negativa que estava no plano, arquitetando investidas em massa contra as cidades, mas seus planos foram quebrados pela ação dos próprios trabalhadores da luz, juntamente com a intervenção direta das cidades mais evoluídas, frustrando grande parte das ações arquitetadas. E nessa época o sétimo vértice atuou fortemente nos planos espirituais e terreno, para a restauração do equilíbrio energético dos ambientes e pessoas que foram atingidos. Foi uma grande tarefa, envolvendo a Fraternidade da Rosa e do Triângulo. Os trevosos montaram uma grande legião, mas diante da luz nada puderam fazer e se recolheram novamente aos abismos, provavelmente arquitetando novas formas e esperando nova oportunidade para destruírem os trabalhos montados pela Luz e Amor. Mas eles não percebem que a própria ação negativa que assumem já faz parte da vida e da evolução, sendo usados para impulsionamento evolutivo. Usados pela própria Lei de Evolução nos seres que eles tiverem acesso, fazendo-os crescer através do despertar pessoal pelos processos de sofrimento, e isso acaba tornando-os peões no grande tabuleiro da vida. Mas essa história deixemos para outra oportunidade. Não vou me aprofundar muito nesse assunto, para não estendê-lo, pois o momento não é o ideal.

Ouvia tudo com grande curiosidade.

– Quer dizer que aqui também ocorrem guerras?

– Por que a estranheza? Todos nós estamos dentro das Leis da Criação e somos seres em processo de crescimento e aprendizado através das escolhas pessoais, que podem afetar somente sua vida, de um grupo, de uma nação ou mesmo do próprio plano, tudo depende das suas qualidades adquiridas. Na Terra, tudo que acontece em um plano pode ter ressonância no outro. Nosso plano e o terrestre possuem uma delicada ligação vibratória, onde ocorrem trocas constantes de luz e trevas. Os seres que estão vivenciando ainda as zonas inferiores entendem somente a violência, a subjugação, o sofrimento como resposta a todo ódio contra si e contra o próximo que carregam, e para eles os trabalhadores na luz são seus alvos primários, estejam na Terra ou no Plano Etérico, mas pouca coisa eles conseguem fazer neste plano, pois a ação da Luz é sempre forte e incisiva, mas quando ocorre uma reunião de trevosos no plano terrestre e estes conseguem gerar uma enorme quantidade de energia magnética biofísica, o famoso ectoplasma, através de uma comunhão vibratória negativa de ideias e ações, muito comum nas guerras, eles recolhem essa grande quantidade de ectoplasma com vibração nefasta, manipulam-na e eterizam a ponto de poder ser usado no plano etérico, tornando-se uma energia altamente destrutiva e desequilibrada, e assim, na segunda Guerra Mundial, foi recolhida uma enorme quantidade desse material, sendo amplamente usado contra as colônias na época. E essa massa criada tem a força de desestruturar as construções plasmadas pelos seres da luz, e por causa disso eles viram uma oportunidade de destruírem o que podiam alcançar. A Guerra, seja qual for, sempre é cuidadosamente planejada pelos Seres da Escuridão, com o objetivo óbvio de destruição da humanidade e principalmente pela grande quantidade ectoplásmica gerada por meio do ódio e do medo, sendo sempre útil para eles, nas investidas contra a luz.

– O que acontece, que eles não entendem que não conseguirão derrubar a Criação, sendo eles mesmos frutos dela?

– Eles são totalmente inconscientes de seus processos reais, colocando-se como vítimas da Luz e tornando-se seres revoltados contra a Criação, usando suas qualidades intelectuais e espirituais para a destruição e desarmonia. Mal percebem que são marionetes usadas pela própria evolução coletiva das zonas umbralinas. Mas futuramente serão usados pela Luz por meio do despertar, que chega para todos, assim que terminarem seus estágios nas Trevas – respondeu Márcia.

– Entendi, Márcia, quer dizer que os sábios nas sombras amanhã serão os sábios na luz.

– Sim, a evolução é uma Lei implacável e se o caminho que ele escolheu não servir mais, esse ser acabará sofrendo o choque energético solicitando a mudança, e ele não mais conseguirá escapar do chamado pessoal. Lembra do que foi explicado sobre o livre-arbítrio? Em planos vibratórios muito além de nós, há seres de inteligência universal, que acompanham de perto nossas escolhas diárias e até mesmo do planeta, não tendo nada que fuja de seus olhos; lembra do mapa do livre-arbítrio ou destino? Então, eles que montam e acompanham, por isso têm acesso ao futuro, graças ao incrível estudo evolutivo que fazem do planeta e dos envolvidos. Como foi explicado, a casualidade, digamos solta, não existe, pois admitir isso seria o mesmo que não acreditar na harmonia universal, e colocando o Criador como um ser que poderia ser regido e não ter controle da casualidade; em tudo que acontece existe harmonia, mesmo quando as Trevas reinam temporariamente na Terra, tudo está sendo acompanhado por esses seres universais do destino – complementou Alberto.

– Esses seres seriam os Senhores da Evolução? – perguntou Márcia.

– Não, Márcia, os Senhores da Evolução são espíritos ligados diretamente à Energia Magnética da Criação no sentido da Evolução, são representantes espirituais dessa energia nos planos. Já os Seres que acompanham nossos destinos são elevadíssimos em todos os sentidos da Criação, alguns deles conhecidos por nós e outros ainda inacessíveis, por exemplo: Amor, Fé, Conhecimento, Força, Vida, Transmutação, Evolução, Harmonia. Mas há muitos outros sentidos, que desconhecemos ainda. Posso claramente dizer que esses seres estão acima do próprio Mestre Jesus e demais Mestres, conhecidos por nós e pelos encarnados.

– Então posso afirmar que esses seres são a própria expressão do Criador em todos os sentidos? – perguntou Márcia.

– Sim, pode-se dizer que sim.

Enquanto conversávamos, íamos caminhando em direção ao Grande Vértice Central; chegando à entrada do salão, notei que aquele Guardião, antes parado e atento a tudo, não estava lá.

– Provavelmente ele saiu em auxílio de algum irmão que tenha corrido o risco de se transportar para as zonas inferiores – disse Márcia.

– Vamos, entremos no Salão.

E assim fomos caminhando pelo corredor central, rumo a uma escada que estava na lateral, perto do grande lustre de cristal. Notei que, ao subirmos os degraus em direção a uma porta que separava o Salão Inferior do Central, era possível ouvir um zumbido em tom grave mas baixo.

– O que você percebe é o magnetismo em ação novamente, por aqui passam somente os espíritos autorizados. Há um campo de contenção presente que atua parecido com a barreira que você presenciou no Vértice de Limpeza e Equilíbrio. Se alguém não preparado tentasse entrar aqui, seria igualmente repelido pela força magnética, impossibilitando-o de acessar lugares para os quais ainda não esteja preparado.

Passamos pela porta, linda por sinal, com um desenho do universo em movimento; parecia que eu estava vendo uma parte real do céu. Subimos e o Grande Salão Central faz jus ao nome, amplo em todos os lados, em uma das laterais um palco com cadeiras, como uma enorme sala de palestras. No alto, os elementos da natureza expressados em desenhos vivos, com cores distintas e únicas.

– No alto, não são pinturas nem expressões, Ricardo, ali são portais que dão acesso aos reinos elementais disponíveis aos nossos planos; dele chegam e vão seres, espíritos e vibrações, em uma grande troca de Amor e Aprendizado.

E a quantidade de seres e espíritos que iam e vinham era algo assustador, não poucos, mas de quantidade expressiva. Os espíritos designados e preparados para a tarefa atravessavam os portais e traziam grandes quantidades de seres elementais, contidos em uma aura azulada. Envolta dessa pequena legião, o ar tinha aspecto azulado envolvendo a todos eles, ao qual eram imediatamente enviados a um portal ligado ao Salão Inferior.

Notei também que alguns irmãos levavam seres elementais para esses portais dimensionais. Mas sem nenhuma proteção.

– Essa camada azulada é o éter modificado com íons de isolamento e proteção, para evitarmos qualquer problema com o desalinho magnético deles. No salão inferior, eles receberão as cargas magnéticas necessárias para atuarem onde forem designados. Passando uma boa parte do tempo aqui na cidade até estarem prontos – esclareceu Márcia. – Já os que são enviados, possuem toda a ressonância com nossa dimensão, e são enviados justamente para despertar os demais que estejam na dimensão elemental, pois, por causa da diferenciação magnética, eles causam um choque nos demais, despertando a razão e os sentidos dos recém-criados.

– Esse Salão é um ponto de convergência dimensional, ligando dimensões, seres e mundos dos mais variados planos. Aqui é o ponto inicial das grandes tarefas a serem realizadas envolvendo grandes grupos, tanto no plano terrestre como espiritual. Aqui já houve reuniões com seres crísticos, para a passagem dos planos celestiais, envolvendo grandes tarefas para o despertar evolutivo da humanidade e da espiritualidade.

Ouvia as explicações do Alberto e da Márcia, mas não conseguia tirar meus olhos da grande movimentação dentro do salão.

De repente, toda aquela movimentação parou, os últimos elementais foram trazidos e os irmãos que estavam trabalhando se retiraram. Assim que tudo finalizou, os portais vistos foram fechados e abriram-se outros, tomando a visão de cidades espirituais, e por eles começou a passar uma grande quantidade de irmãos.

Começaram a chegar alguns índios, alguns padres, alguns vestidos como sacerdotes da Antiguidade e uma grande maioria com túnicas que iam até os pés e com capuz que cobriam a cabeça, outros não possuíam capuz, somente um turbante; já outros, além da túnica, tinham a toga que fechava no ombro com uma pedra da mesma cor. A maioria lembrava alguns romanos e outros árabes, mas todos tinham um pingente com um triângulo e uma rosa dentro. Alguns portavam apetrechos, como espadas, cajados, esferas. Mas havia uma pequena parte que destoava do resto, estavam vestidos com fraques e chapéus, outros com casacas compridas abertas portando bengalas, e assim aos montes foram se reunindo no salão, e nisso chegaram os irmãos de nossa cidade e todos começaram a se cumprimentar saudosamente.

Alberto correu para me explicar.

– Os portais anteriores se fecharam, dando espaço aos portais ligados aos irmãos da Fraternidade da Rosa e do Triângulo; são várias cidades espirituais e algumas colônias que fazem parte dessa fraternidade, ao qual fazemos parte como uma das cidades principais e estamos sempre juntos em situações que envolvem grandes questões.

– Mas como funciona isso, Alberto? Esses portais? – perguntei.

– Esses portais são técnicas magnéticas de grande alcance espiritual e alto grau de sofisticação instrumental. Para você entender, mais ou menos, é a aplicação da teoria do buraco negro, o alto grau magnético distorce a realidade e o espaço-tempo, criando brechas em nossa realidade e na realidade a qual se deseja alcançar, sendo capaz de alcançar outras dimensões ou mesmo outros locais de nosso plano. Mas isso só é feito por espíritos com alto grau de conhecimento éter-molecular e manipulação magnética. Mas há também aparelhos que conseguem realizar esse incrível feito, não sendo necessária a constante presença dos irmãos para a sustentação do portal. Para isso deve haver um aparelho na origem e outro no destino, e terem a mesma assinatura cósmica. Ao ligarem, a origem cria uma entrada do buraco negro e o destino a saída, entrando em ressonância vibracional intensa, distorcendo toda a realidade e as faixas dimensionais, criando os portais que você vê. Se um dos aparelhos desligar, o processo finaliza e o portal se fecha.

– Quer dizer que cada portal tem um aparelho desses?

– Se é necessário ficar constantemente aberto, sim, eles são usados; caso contrário, usa-se os criadores de portal. E o portal não precisa ser da forma que você está vendo. Há outros tipos, como o "rasgo da realidade", que não é necessariamente um portal, mas somente uma fenda, permitindo ao manipulador atravessá-la conforme sua vontade, sumindo de uma dimensão e indo para outra. Entenda, isso é usado somente por lugares e espíritos mais evoluídos; as colônias, ainda presas aos costumes da Terra, se utilizam de transportes que lembram os transportes físicos, ou mesmo se deslocam pelo éter por meio da vontade, que possui a velocidade do pensamento, mas há limites para esse tipo de movimentação espiritual, o que já não acontece com os portais e fendas.

Assim, aquele grande salão ficou cheio de espíritos, em ampla conversação útil, cada um com sua assinatura vibratória vista pelas cores que emanavam de si.

Após alguns minutos de o último espírito ter passado pelo portal, uma enorme sensação vibratória positiva nos envolveu, calando a todos do ambiente, criando certa expectativa no ar. A vibração era tão forte que nem tive coragem de perguntar algo para Márcia ou para Alberto, apenas ficamos envolvidos naquela força espiritual que se fazia sentir. Era nítido a energia de Amor e Respeito entre todos, que se fazia presente pelo silêncio que envolveu o ambiente.

Nisso surge, do nada, um ser coberto por um manto violeta com bordas laranja; o rosto simplesmente não era possível ver, pois ali se via uma parte do Universo, mas, ao olhar para ele, nos dava uma indescritível sensação de elevação energética; só senti algo parecido quando encontrei aquele ser da criação, quando adormeci na sala de refeições. Aquela energia impulsionava nossas consciências a querer aprender, a confiar e buscar o necessário que nos faltava, é como se entrássemos em plena comunhão com nosso Eu, tamanha força magnética-espiritual-mental que ele emanava.

Alberto me cutuca.

– Olha a fenda que acabei de lhe falar, ele veio por uma.

Realmente não deu para ver nada, simplesmente sentimos sua enorme energia e ele apareceu do nada.

– Esse, Ricardo, é um dos grandes Senhores da Transformação, que estão sempre presentes na cidade.

Nisso ele começa a falar conosco, mas não era telepaticamente, era diferente, você ouvia com o corpo, não com a mente.

– Irmãos da Fraternidade da Rosa e do Triângulo, agradeço a presença e o tempo de todos em favor de uma causa maior. Vocês foram chamados para realizarem uma tarefa solicitada pelas esferas crísticas. Há muito tempo uma sociedade trevosa atua nas dimensões, levando o sofrimento e o terror por onde passam. Eles atuam amplamente na idiotização e manipulação religiosa dos encarnados, assim como a decaída moral de irmãos que assumiram tarefas de âmbito religioso no plano.

Ao longo dos tempos eles se fortaleceram e estão com planos de influenciar negativamente futuros líderes mundiais na Terra, para que gerem mais uma guerra, ocasionando ao plano terrestre décadas de atraso evolutivo, o que não será mais permitido. Por causa disso, os seres crísticos me chamaram e solicitaram minha intervenção para que transmutasse toda a base trevosa existente, assim como aos seres nela presos por décadas de escolhas infelizes. E para essa tarefa necessitarei de todos vocês, pois será grande o processo de mudança para esses seres.

Nisso, abriu-se uma imagem do local, nas zonas inferiores, que sofreria a ação direta. E ele continuou a falar:

– Essa é a cidade; chama-se Vale do Horror, comandado por dois seres de alto grau de poder e conhecimento, mas perdidos nas trevas da ignorância espiritual. O processo será por meio da transmutação molecular das construções e quebra vibratória do ambiente, através de ações magnéticas. Assim que o processo se instalar, eu irei ter com os senhores desse local e vocês terão a tarefa de recolher os que sofrem e pedem ajuda, assim como pararem as ações menores de irmãos trevosos em cima dos demais. Aqueles que estiverem prontos irão voltar para a evolução, já os demais serão contidos e levados para as colônias-prisão existentes. Por enquanto é só, roguemos para que as bênçãos das Leis da Criação nos sentidos de Evolução, Vida e Transmutação nos acompanhe, logo mais chamarei a todos, para que nos reunamos no Vale. Será aberto um portal neste salão, para que se transportem para lá. Até a hora vindoura, fiquem em paz e desfrutem da companhia de nossos irmãos do Triângulo Divino.

Nisso ele sumiu novamente e sua energia desapareceu por completo, e todos foram descendo pelas escadas em suave conversação sobre a reunião.

Aparece do meu lado Amon, com meus pertences.

– Tome, Ricardo, sua capa, o colar e a esfera. Guarde-os e use somente no momento que for para as zonas inferiores, entendido?

– Sim, Amon, obrigado – respondi, pegando os itens.

– Mas o que foi isso, Alberto? Ele não falava na minha cabeça, ao contrário, sentia como se suas ideias penetrassem meu corpo inteiro.

– Sim, aqui chamamos de comunicação dourada, ou CD. Ele conversa direto com seu Eu Supremo, através dos fios dourados que temos ligados ao Criador, acessando a todos os que se deseja ao mesmo tempo; e a comunicação vem lilteralmente de cima, conectando-se com nosso Eu Superior reverberando por todo o corpo psicossomático. É uma comunicação acima do mental humano; com esse tipo de comunicação ele pode falar conosco, neste ambiente, e se desejar, com pessoas de qualquer lugar. Somente seres de alto grau evolutivo conseguem realizar tal façanha. E aqui estamos com um bônus pois, no caso dele, a energia o acessa e transforma o que for necessário. Algo como um breve despertar coletivo no sentido da evolução.

— Realmente, tive um reforço energético que abalou um pouco meu mental, mas para um lado positivo.

— Todos nós tivemos, isso seria o que os encarnados chamam de axé, ou revigoração magnética.

— Entendi, Alberto, mas Amon, onde você estava que não tinha visto você?

— Estava do seu lado, Ricardo, o tempo todo, você que não me viu, essa é minha função – disse com olhar brincalhão.

Fiz uma expressão de estranheza e dúvida, e todos riram.

Capítulo 9

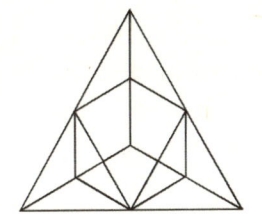

A Inversão do Destino

Farei uma pausa em minha história para contar o que aconteceu com Sara, Fábio e Loman, após meu resgate espiritual.

Como sabem, os superiores de Loman deram ordens diretas para cuidarem de "meu caso".

Assim que cheguei ao umbral, fui neutralizado mentalmente e enviado até o Vale do Horror; estava paralisado mas desperto, com os sentidos embaralhados, mas pude ver o cenário que se montava à minha frente.

Passamos por um grande portão negro preso às rochas do local, era um vale, cercado por seres medonhos, alguns nem humanos pareciam mais. Levavam sofrimento a uma enorme quantidade de pessoas, que gritavam enlouquecidamente. O ambiente predominante era escuro, que em alguns momentos se iluminava com os fortes raios, mas lhe digo, era melhor ficar na escuridão, pois ao clarear todo o ambiente por alguns segundos se descortinava um cenário que deixaria até o mais forte entre as pessoas caírem de joelhos.

Passando pelos portões, casebres embolorados, seres horrendos arrastando suas vítimas pelas vielas. No céu, viam-se quatro pássaros negros enormes, como a vigiar todo o ambiente. No alto do vale, várias sentinelas vestidos de preto. No centro, um castelo negro, estilo medieval, com um grande portão.

Conforme íamos descendo pela rua notei que em cada esquina havia postes com símbolos estranhos, que se conectavam entre si, em uma energia escura, e todos conectados à torre principal do castelo.

Abriu-se o grande portão negro com figuras diabólicas incrustradas em sua madeira, e fomos entrando. Notei algumas salas, onde havia pessoas com cordões prateados que se estendiam para fora do castelo, elas pareciam zumbis e eram manipuladas sexualmente pelos seres trevosos que, rindo, tiravam delas grandes quantidades de um líquido esbranquiçado. Em outra sala, algo que parecia o interior de uma igreja e um ser sombrio no palanque, com todos em êxtase, como hipnotizados.

E assim descemos uma escadaria, até o calabouço, gritos, pedidos de socorro. Eles abriram uma porta e me jogaram dentro daquela sala escura. O carcereiro disse a Loman e aos demais:

– Prendam-no naquelas correntes, os chefes daqui têm um interesse particular por esse aí, então divirtam-se com ele – terminou com uma gargalhada.

Fui acorrentado, e ainda consegui forças para dizer:

– Por quê? Me perdoem, tudo isso não é necessário.

– Como você despertou? Era para você estar desacordado! – perguntou espantado Loman.

Nisso entra um de seus superiores.

– Então, Loman, já o prenderam?

– Sim, Julius, mas ele não foi totalmente dominado, está consciente.

– Hum, estranho, deixe-me acessá-lo.

Nisso ele colocou a mão sobre minha cabeça, e uma intensa vibração começou em todo o meu corpo, e comecei a ter a sensação de que minha cabeça iria explodir, ao mesmo tempo que sentia como se vários alfinetes fossem enfiados por todo o meu corpo. Meu grito de dor foi inevitável, mas não perdia a consciência.

– Muito bem, você é resistente, vejo que não é um ser qualquer, vou anular seu mental por completo de uma vez. Você esquecerá que um dia já foi humano.

Nisso ele me olha profundamente, e me senti invadido dentro dos meus mais profundos sentidos de existência, como se estivesse instalando o caos em meu sentido de Criação. A sensação de horror era indescritível.

Mas quando o processo começou a acontecer, foi ele que gritou, caindo em plena convulsão, o que deixou todos abalados.

– Julius! Julius! – gritava Loman.

Nisso entra um ser todo vestido de negro, portando um grosso pedaço de árvore com uma pedra incrustrada, e grita raivoso:

– Mas é um idiota, Julius, o que eu te disse? Não era para tentar dominá-lo pela força mental! Idiota!

Ele toca seu cajado no corpo em convulsão de Julius, e este para, ficando adormecido somente, chamando logo em seguida pelos carcereiros.

– Levem esse imbecil para cima, deixem-no lá até acordar.

Eles obedecem prontamente.

Aquele ser se aproxima de mim e diz:

– Você me atrapalhou muito, há tempos, e agora está aqui. Sua essência não é possível anular mais, mas seu mental será dobrado por meio do terror psicológico e da dor física – disse, olhando-me impiedosamente.

Ele olha para os três que estavam comigo e diz:

– A partir de agora, vocês são os responsáveis por ele, quero ouvir seu grito a todo instante, até sua vontade ser quebrada, e assim será mais um dos meus escravos, entenderam?

– Sim, senhor – respondeu Loman com expressão de medo e submissão.

E o ser maligno saiu do aposento; nisso, Sara perguntou:

– Quem é ele, Loman?

– Ele é um dos chefões do local. Neste vale há dois seres das sombras, que controlam tudo, não sabia que ele tinha interesse por esse aqui – disse-me endereçando um olhar de surpresa. – Mas ótimo, se fizermos o trabalho bem-feito, poderemos até ser reconhecidos por eles, vamos começar.

E assim, Sara, Fábio e Loman começaram o meu calvário, revezavam-se e executavam as mais variadas formas de tortura, tanto física como psicológica. Mas dia a dia, apesar de todo o sofrimento, minha vontade não era quebrada, como eles queriam.

– Por que você não enlouquece logo? Maldito, sabia que era resistente, mas não tanto – dizia Loman, após me torturar impiedosamente.

Hoje eu sei, naquele momento eu não via, mas estava sendo amparado magneticamente pelo Ser da Criação, com quem eu havia tido a iniciação em minha encarnação como índio. Apesar de o meu corpo sofrer, meu mental era preservado pela grande força que me amparava.

E assim, quando não havia mais forças, supliquei ajuda e fui atendido por aquele ser angelical.

Quando ela apareceu, sua luz e sua força paralisaram Sara, Fábio e Loman.

Nisso aparece um dos donos do vale e grita:

– Quem é você? Não o levará, ele me pertence.

– Nada neste mundo e no outro é de propriedade de alguém, a não ser do Criador, você ainda não aprendeu, ser maligno?

Ele gritou e tentou levantar seu cajado.

Nisso a Grande Senhora levanta a mão e seu cajado é desintegrado em pleno ar.

– Ser perdido na própria ignorância, ainda não aprendeu que a Treva é usada pela Luz e sendo assim ela jamais poderá vencer. Sua ignorância o coloca como um mero peão diante da Criação, e assim você será até o momento de seu despertar, mas agora fique de joelhos, pois ainda não está preparado para receber as bênçãos divinas.

Uma onda de luz envolve aquele ser, que paralisado cai de joelhos imóvel.

Ela olha para os meus três algozes e diz:

– Filhos, todos fazemos escolhas erradas em nosso caminhar, mas somente o Amor e o Perdão saldam as dívidas passadas. Todo o resto é ilusão, que leva ao sofrimento e à perdição. Meus filhos, venham conosco, aproveitem essa oportunidade que a Luz lhes oferece, esse caminho só trará sofrimento a vocês, nada além disso.

Nisso, os três em desespero saem correndo da sala.

Ela lança um olhar divino de Amor a eles e se volta para mim.

Bom, minha situação seguinte, vocês já conhecem.

Nisso ela se retira e aquele ambiente que estava todo iluminado pela Vida e pelo Amor torna-se escuro novamente. Aquele ser de joelhos volta a se movimentar e cheio de ódio manda capturar os três que fugiram.

Em alguns instantes, estão Sara, Fábio e Loman capturados, em frente ao Trono dos dois seres que mandavam naquele local.

– Vocês três eram os responsáveis por ele, e ao invés de ajudar, saíram correndo; covardes, vocês irão pagar por deixá-lo ser levado.

– Meu senhor – disse Fábio aterrorizado –, o que poderíamos fazer, se mesmo o senhor ficou impotente diante dela?

Aquele ser solta um urro de raiva.

– Como ousa! Levem-nos para a prisão, vou cuidar pessoalmente deles!

E nisso chegando bem perto do rosto de Fábio, diz:

– Você ira aprender a me respeitar! Assim como todos vocês! Levem-nos.

E os três foram arrastados para as celas, gritando por misericórdia para um ser que era pura maldade.

Loman foi o mais resistente dos três, após algumas semanas de tortura Sara permaneceu inconsciente, não mais acordando.

– Essa aí já está quebrada, deixem-na apodrecer.

Fábio foi o próximo, mas ao contrário de Sara, a cada momento de tortura seu ódio contra mim aumentava, pois em seu entender eu era o culpado por ele estar ali, até que não aguentou mais e caiu também.

O próximo foi Loman, que, pela experiência adquirida, conseguia revidar e mesmo bloquear em alguns instantes a intervenção maligna contra ele. Mas quando o chefão ficou sabendo, foi pessoalmente até a prisão.

– Muito bem, Loman, não esperava menos de você, mas sua vontade agora é minha – disse tocando-o com sua mão, e ele soltou um grande grito e apagou totalmente.

– Pronto, agora trabalhem para desmagnetizar suas funções cerebrais; quero eles totalmente anulados, chame os psicólogos, quantos forem necessários – disse para o carcereiro.

– Daqui para a frente vocês serão meus escravos particulares – olhando para os três esboçando um leve prazer.

E assim, de algozes tornaram-se escravos das próprias escolhas equivocadas assumidas, de juízes a réus perante a vida.

Capítulo 10

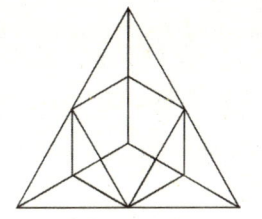

A Grande Batalha

A cidade estava cheia, espíritos em confraternização alegre e jovial por onde se olhasse, o Amor e o Respeito se faziam presentes em todo local. Passado algum tempo, novamente meu corpo vibra e todos os envolvidos ouvem o chamado do Senhor da Transformação.

– Muito bem, irmãos na caminhada, chegou a hora, dirijam-se até o Grande Salão para irmos até o Vale.

E assim, aos poucos, todos que estavam anteriormente no Salão e agora se encontravam espalhados pela cidade, foram retornando.

– Vamos, Ricardo, vamos retornar, encontraremos os demais lá.

Caminhamos junto com aquela leva de espíritos até o Salão Central. Não posso descrever minha angústia e ansiedade pelo momento que se aproximava. Iria rever aqueles que me torturaram.

– Não vou negar, Márcia, estou um pouco angustiado e nervoso. O que acontecerá, como será que eles estão? Será que ainda sentem tanta raiva de mim?

– Eu te entendo, mas acalme sua mente, acredito que, se estamos juntos nessa grande tarefa, não é à toa, e se vamos ter com eles é porque eles podem ser resgatados; por causa disso acredito que, ao chegarmos lá, você não encontrará o mesmo quadro de outrora.

Márcia dizia isso com um ar de como se estivesse acessando mentalmente onde eles estavam.

– Estaremos protegidos, Ricardo, pois além da grande energia do Senhor da Transformação, dos irmãos e Guardiões que nos acompanham, lá estarão Exus também, dando suporte, além é claro de toda a espiritualidade superior que está nos acompanhando, passo a passo.

Entramos no grande salão e encontramos Amon junto de um outro irmão.

– Ricardo, Márcia, este é Túlio, ele é da cidade espiritual Caminhos de Oxalá, e estará conosco, mais precisamente com vocês, dando todo o suporte que for necessário.

Túlio era um irmão de olhar firme mas suave, de porte mediano, cabelos brancos, apesar de aparentar uns 30 anos, com uma aura branca e sutil. Vestido de forma casual.

Nós nos cumprimentamos.

– Muito prazer, Túlio, e obrigado por estar conosco – disse Márcia.

– O prazer é meu, Márcia, estaremos juntos nessa empreitada espiritual e cuidarei da segurança de todos vocês.

– Você irá conosco, Amon? – perguntei.

– Sim, irei, mas estarei ao lado do Senhor da Transformação a maior parte do tempo; sendo assim, pedi para que nosso irmão aqui os acompanhasse em tempo integral, já que o local não é dos mais leves – disse sorrindo e dando meio abraço no Túlio.

– Fiquem tranquilos, sou hábil em lidar com irmãos das zonas inferiores, fui treinado amplamente em manipulação e proteção magnética.

– Eu sei, Túlio, por isso pedi sua presença – disse Amon, dando uma piscada para Márcia. – Sei que, com você, poderei ficar mais tranquilo para realizar minhas tarefas.

Notei um certo rubor na face da Márcia, hum, será? Bom, deixa para lá.

– Estamos sendo chamados, vamos todos. Ricardo, vejo que já está com o colar e com a esfera, coloque a capa, para atravessarmos o portal.

E, assim, aquela massa de espíritos foi entrando nos vários portais abertos, ligados ao Vale do Horror. O silêncio, a concentração e a preparação espiritual eram claramente visíveis nos envolvidos, e juntos atravessamos para aquela zona inferior.

Ao passar pelo portal, ocorre uma sensação estranha, você sente um choque bem leve; por um milésimo de segundo tudo fica escuro, mas é quase imperceptível.

– Essa sensação ocorreu você teve seu psicossoma quintessenciado pela realidade distorcida, e realinhado, isso em milésimos de segundo. Pois o que passa incólume à grande força magnética e distorce as realidades é somente sua essência, seu Eu superior, tudo o mais é desconstruído e reagrupado novamente, por isso o leve choque e leve torpor corpóreo. Mas é por ser sua primeira vez, já já se acostumará – explicou Amon.

A sensação é realmente muito estranha, seria como se você deixasse de ser você e voltasse a ser a essência criada, mas a sensação é rápida demais para qualquer tipo de raciocínio. Em menos de um segundo estava normal, como se nada tivesse acontecido. Como eu disse, é tudo muito rápido, mesmo para nós que temos outra noção de tempo.

O cenário mudou completamente, onde antes havia harmonia, mudou para trevas, dor e escuridão. Gritos eram ouvidos de todos os lados, mas agora mais consciente pude notar tudo: pessoas caídas como zumbis, faltando parte de seus corpos espirituais, um ambiente com um forte cheiro pútrido, quase irrespirável. Seres animalescos, desfigurados, alguns com a aparência de bestas, um cenário que me fez lembrar os momentos de angústia que vivi naquele local; realmente se eu não tivesse sido preparado, no Triângulo Divino, provavelmente entraria em desequilíbrio.

– Não se impressione tanto – alertou Márcia. – Esse local se alimenta de energias nefastas e desequilibradoras; quando você se impressiona em demasia, acaba abrindo brechas energéticas em seu ser emocional, permitindo que ocorra uma localização e ligação sombria com os seres chefes desse local. Eles possuem uma enorme força mental, que pode sobrepujar sua vontade, podendo ocasionar processos hipnóticos obsessivos ou mesmo fascinatórios. É algo perigoso! Para vir a esse tipo de zona espiritual é preciso ter pleno domínio de suas emoções, principalmente no campo do impressionismo, para não ficar nas mãos desses seres manipuladores.

E assim, todos foram se reunindo ao redor daquele imenso vale negro.

Quando cheguei, alguns espíritos já estavam em pleno combate, anulando rapidamente as funções dos vigias que estavam no topo do vale, sendo capturados e contidos, envolvidos em uma aura vermelha.

Além dos espíritos que estavam conosco no Salão Central, notei a presença de imponentes figuras, com longas capas negras e espadas.

– Esses são os Exus, de que lhe falei, eles lidam diretamente com as forças trevosas, são os executares da Lei de Ação e Reação; eles irão recolher os seres mais perigosos e levá-los para as colônias de contenção.

– Túlio, deixo-os na sua proteção – disse Amon. – Preciso ir, o Senhor da Transformação solicita minha presença – lançou um olhar profundo para Márcia, sendo retribuído.

– Sem problemas, Amon, assim que a desintegração se iniciar, iremos nos preparar para encontrar as pessoas que serão resgatadas.

– Cuide-se – diz Márcia.

– Pode deixar, aqui nada me assusta, estarei de volta logo – diz saindo em direção ao portão de entrada, do outro lado do vale.

Nisso o Senhor da Transformação começa a falar:

– Irmãos, iremos dar início ao processo de transformação do ambiente; preparem-se, pois sairão seres deste vale que deverão ser enfrentados. Irmãos socorristas, estejam atentos aos que podem ser resgatados durante o processo de mudança, para que não sejam atingidos pela onda desfragmentadora. Chegou o momento de esses espíritos presos às trevas serem levados à luz da vida e da evolução. Seu estágio nas trevas termina hoje.

Nesse instante, um som vibrando em tom grave foi surgindo em todo o ambiente, que começou bem baixo e a cada segundo aumentava, ao ponto de chegar a níveis altíssimos, em um tom sempre grave.

– O que você ouve – disse Túlio – é o início da desfragmentação energética e molecular do ambiente. As moléculas energizadas negativamente estão sendo vibradas a ponto de se romperem, e assim ocorre a quebra física das construções. Essa energia atua também na vibração negativa, fazendo os íons límparem todo o ambiente ao mesmo tempo que neutralizam essa essência trevosa.

Nisso, quando o som estava bem alto, começaram-se a ouvir trovões, ensurdecedores, mas que não nos afetavam, somente aos seres daquele local. E em cada trovão era visível ver as construções e tudo ao redor simplesmente sumirem.

O caos no vale se instalou, os seres bestiais correram para a entrada principal do vale, e uma pequena leva de Exus os aguardava. Ao se encontrarem, os bestiais pularam sobre eles, que somente deram um passo para trás e lançaram uma imensa rede, que, ao tocarem os bestiais, os eletrocutaram, enrolando-os naquele emaranhado energético. E rindo os recolheram, colocando-os em transportes que estavam um pouco mais distantes.

Nisso subiram alguns seres vestidos de negro, alguns com espadas, mas ao chegarem na entrada não notaram os espíritos que ali estavam.

– Além da energia de ocultação gerada pelos irmãos Guardiões, a capa utilizada também o isola, contendo sua assinatura espiritual, não sendo possível esses magos negros nos localizarem de forma alguma. Ela é muito utilizada pelos trabalhadores que se aventuram pelas zonas inferiores – explicou Túlio.

Nisso, alguns Guardiões que nos acompanhavam cercaram essa pequena milícia, e não deu tempo nem de eles perceberem o que os atingiu. Uma faixa de luz os neutralizou por completo, fazendo-os desmaiar quase que instantaneamente. Foram levados para os transportes.

– Esses seres irão para a colônia do Perdão Divino, é uma das colônias que recebem os seres que perderam sua humanidade. Ficarão contidos para que não prejudiquem mais a si nem ao próximo, e de lá sofrerão uma encarnação compulsória. Os bestiais, em corpos que possam refazer seu psicossoma e devolver o sentido da humanidade, retornando-os à razão. Alguns terão a sorte de passar por nosso lindo planeta azul, mas outros serão encaminhados para planetas primitivos e lá irão recomeçar sua vida evolutiva – esclareceu Túlio.

Boa parte dos arredores e das construções daquele vale já havia sido desintegrada no espaço, sobrando o castelo negro, que começou a ser atingido pela onda desfragmentadora, e suas paredes foram aos poucos se desintegrando, a cada trovão ouvido.

Nisso, de dentro apareceu um dos chefões, não era o que eu já conhecia. Ele estava com vestes negras, com um grande cajado com uma pedra roxa em uma mão e uma espada negra na outra, e começou a gritar:

– Apareçam, filhos da luz! Me enfrentem, estou nas trevas e vocês é que se escondem de mim! Estou aqui, desafio a qualquer um! Lógico, se tiverem coragem!

Soltou uma grande risada em meio aos trovões.

Nisso o Senhor da Transformação coloca-se à frente dele e se faz visível.

– Estou aqui, Sethnael, você não queria me enfrentar? Pois bem, posso dizer que nem será um enfrentamento, tudo o que você montou neste vale acaba hoje.

Nisso aquele ser arregalou os olhos, deu um passo para trás, foi tentar levantar seu cajado, mas a força emitida pelo Senhor da Transformação o paralisou por completo.

– Mal-Maldito – foi só o que ele conseguiu falar.

– Seu pequeno reinado de horror chega ao fim hoje, os envolvidos tanto na Terra como aqui serão libertos de sua influência. Olhe ao seu redor, seus capangas fiéis correm desesperados; os que tentaram protegê-lo, estão contidos e irão ter com as Leis Maiores, assim como você.

Em um gesto, aquele ser cheio de fúria e raiva, que se achava dono do poder, estava preso pelas energias da Evolução, foi totalmente amarrado por cordões energéticos; suas vestes, assim como seus apetrechos, foram desintegrados, ficando envolto por uma roupa que parecia plástico, na cor violeta.

– E dê-se por agraciado pelas Leis do Amor, senão eu iria reiniciar sua jornada evolutiva, neutralizando seu ser por completo, fazendo-o retornar ao início. A evolução o chama, você irá retornar ao plano terrestre e caminhar novamente dentro da supervisão crística junto aos demais.

O Senhor da Transformação levanta uma das mãos e uma luz laranja-violeta envolve aquele ser que antes era o todo-poderoso do local, fazendo-o desmaiar em seguida.

E assim, aquele espírito estava vencido, totalmente sem forças ou mesmo vontade; foi levado para o transporte junto aos demais.

Nisso surge de dentro do castelo Amon, junto com alguns índios, trazendo os demais seres daquele vale, também todos amarrados e desvitalizados.

– O outro chefão desse lugar fugiu? – perguntou o Senhor da Transformação.

– Sim, parece que ele percebeu o início das movimentações e se retirou do vale antes que pudesse ser cercado energeticamente.

E de fato, aqueles pássaros negros que sobrevoavam o vale eram criações mentais desse ser trevoso, e quando se abriu o primeiro portal, ele percebeu e fugiu rapidamente.

– Sem problemas, Amon, iremos ter com ele ainda. Leve esses juntos com os demais.

– Sim, senhor.

O Senhor da Transformação deu ordens a todos os espíritos para que invadissem o vale e resgatassem os demais, o que foi obedecido prontamente.

Centenas de irmãos que estavam sofrendo nas entranhas daquele vale foram resgatados, uma boa parte dos seres malignos daquele local acabou sendo recolhida pelos Guardiões e demais trabalhadores, e uma parte fugiu em disparada, sumindo naquela imensa escuridão.

Amon vem em nossa direção.

– Já encontraram quem vocês procuram?

– Ainda não – respondi, sentindo toda a aflição em meu ser.

– Tudo bem, esperem que irei buscá-los.

Ele vai em direção ao castelo quase totalmente desintegrado.

Em alguns momentos, Amon, junto de alguns socorristas, voltam trazendo Sara, Fábio e Loman. Ao vê-los, minha ansiedade aumenta esporadicamente.

Ao chegarem perto, fiquei espantado de vê-los daquela forma. Estavam desacordados, cadavéricos, fragilizados. Os socorristas deram passes energéticos nos três, para tirá-los daquele estado hipnótico.

Sara, ao acordar, olha para mim e solta um grito de horror, voltando a desmaiar novamente. Fábio acorda, olhando-me com raiva, mas o mais expressivo foi Loman, que ao acordar e me reconhecer, pude sentir que seu olhar estava diferente, algo havia iniciado, algum processo de despertar naquele ser. E os três foram levados através do portal, direto para o prédio de Cura e Regeneração, no Triângulo.

– Tudo bem – disse Amon. – Você veio justamente para despertá-los, trazê-los à realidade, pois suas vontades haviam sido quebradas pelas incessantes intervenções de tortura sofridas pelos espíritos desse vale. Eles serão levados ao Triângulo e o tempo se encarregará de ajustar essas engrenagens soltas.

Foi com muito pesar que vi aqueles espíritos serem levados daquela forma, tão enfraquecidos pelas ações negativas.

E assim, em poucas horas, todo aquele lugar estava vazio, sem nenhuma construção ou ser maligno. Os gritos e gemidos, ouvidos quase que incessantemente, deram lugar a um silêncio meditativo, não havia nenhum vestígio de qualquer vibração negativa naquele vale. A transformação foi intensa.

O Senhor da Transformação nos fala:

– Com a bênção do Criador, esse vale de sofrimento não existe mais; aqueles que puderam e quiseram foram socorridos, outros foram contidos e levados. Agradeço a todos pela empreitada.

E, do silêncio, podiam ser ouvidos gritos de alegria e contemplação, de todos os que estavam presentes.

No meio daquele vale começa a surgir uma luz dourada e aos poucos vai tomando a forma de uma mulher, que irradiava puro amor, o que fez todos se calarem novamente.

Ela vai em direção ao Senhor da Transformação e o cumprimenta.

– Como vai?

– Estou bem, minha amada senhora, muito feliz de sua presença.

– Obrigada, vejo que aqui se findou aquele grupo voltado ao sofrimento dos seres. Acompanhei sua investida e agradeço por permitir reconstruir esse local.

O Senhor da Transformação balança a cabeça concordando e agradecendo.

– Amados Filhos! – ela nos direciona a palavra: – Aqui hoje termina mais um processo instalado há décadas, que levava o sofrimento e a dor aos nossos queridos irmãos. A partir de hoje, aqui dará local a um refúgio espiritual para todos que sofrem nas zonas inferiores, que se chamará LUZ DE MARIA. Será um lugar para acolhermos nossos amados que ainda entendem somente a dor como caminho.

Onde estava o castelo negro, começou a surgir uma linda construção branca com o halo dourado e um imenso coração rosa acima dele. Começaram a chegar irmãos alados e outros em túnicas brancas, e movimentando todo o ambiente começaram a construir edificações. Primeiramente levantaram muros em volta do vale, e um portão em pedra maciça, isolando completamente aquele local. Em seu interior, algumas ruas e casas começaram a surgir aos poucos. Abriu-se um portal, ligado a um lugar que tinha somente construções brancas, e por ele, começaram a surgir irmãos.

E assim, aquele vale que antes era tomado pela dor e escuridão, agora irradiava uma intensa luz branca que cortava aqueles céus sombrios. De longe era possível ver, como a um farol, dando direção para os seres que solicitassem ajuda.

– Eles irão dar vida e trabalho a essa nova colônia de socorro espiritual. Aos poucos, tudo se ajeitará energeticamente – disse Márcia.

E realmente, aos poucos era nítida a vida que esse local trazia, o respiro necessário para aquela zona inferior.

E a linda senhora se despede.

– Agradeço, amados, por mais essa tarefa edificante em favor da vida e do amor, que todos estejam em paz.

Ela faz um pequeno gesto de despedida ao Senhor da Transformação, que retribui.

E sua forma começa a ficar diáfana, voltando a se tornar aquela luz dourada, sumindo em poucos instantes.

Nisso foi a vez de o Senhor da Transformação nos chamar.

– Meus irmãos, retornemos ao Triângulo Divino, nossa tarefa aqui acabou – sumiu logo em seguida.

E assim, todos foram se retirando daquele vale de Luz.

Nesse local acabava mais uma colônia trevosa, transformada pelas forças da Criação, dando lugar a um sopro de luz e esperança para aqueles que estavam perdidos em meio às trevas.

Amon atravessou juntamente com os demais; enquanto caminhávamos, olhei para Márcia e ela prontamente respondeu.

– Sim.

– O quê? – perguntei assustado.

– Você não questionou se eu e Amon estávamos namorando, a resposta é sim. Esqueceu que posso ler sua mente? – disse-me, dando um leve soco no braço.

– Ai.... é verdade – respondi meio sem jeito. – Mas estou feliz por vocês, realmente admiro os dois e para mim é uma grande e feliz notícia disse, abraçando-a logo em seguida. E rindo abraçados, fomos em direção ao portal.

Capítulo 11

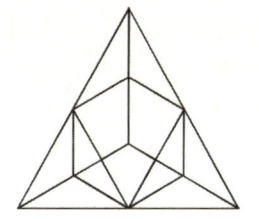

Uma Tarefa Bem Cumprida

Atravessamos o portal e novamente nos encontrávamos no Triângulo Divino, no Grande Salão Central. Todos estavam reunidos conversando sobre os acontecimentos.

Do outro lado nos esperavam Amon e Túlio, no grande Salão Central. Amon, vendo-nos abraçados sorridentes, direcionou um olhar de curiosidade para Márcia.

– Não estranhe, Amon – disse brincando. – Agora sou eu que estou lendo seus pensamentos! Parabéns, meu irmão, fico feliz que vocês estão juntos, é muito bom ter alguém ao seu lado nessa caminhada solitária.

– Jamais é solitária, Ricardo, eu e Márcia nos conhecemos há muito tempo, mas somente agora pudemos nos reencontrar e vivenciar nossos sentimentos. Foi ela que, em uma distante encarnação, se tornou a protagonista da minha jornada, trazendo-me para as belezas do Amor e da Renúncia. Talvez um dia lhe contemos nossa história.

– Verdade, Amon, foi uma das reencarnações mais harmoniosas que vivi, mas após desencarnarmos, Amon tinha um outro caminho traçado, por causa do grande chamado de re-harmonizar-se, e a separação foi inevitável. Um período de tristeza, mas sabíamos que seria temporário, pois ele era e sempre será minha alma companheira – disse, abraçando-o.

– Sempre seremos, Márcia, e fiquei muito feliz quando voltei para esta cidade, com meu caminho livre e ajustado perante as escolhas pessoais, dentro das Leis Maiores. E hoje podemos usufruir do contato diário novamente, aprendendo e crescendo juntos.

– Não sabia que vocês tinham uma história juntos, mas como eu disse a Márcia e novamente digo a ambos: Meus parabéns! Fico realmente feliz e agradeço por serem meus amigos e meus direcionadores.

– Nós é que lhe agradecemos – disse Márcia. – Além do mais, você possui uma vivência com Amon na Terra, o que nos liga todos. Você é nosso irmão querido.

E o Senhor da Transformação chama atenção para si, dando fim ao grande encontro.

– Muito obrigado, meus queridos irmãos, que a luz seja engrandecida pela grande tarefa de abnegação e envolvimento de todos. A partir de hoje, aquele vale será amplamente protegido pela Luz, servindo de caminho para os perdidos dentro daquela escuridão. As trevas podem até temporariamente dominar ou balançar uma determinada faixa vibracional, mas a luz e seus trabalhadores sempre estarão prontos para levar a harmonia. Obrigado a todos os irmãos dessa linda e forte irmandade da Rosa e do Triângulo, que as Leis Maiores da Criação estejam convosco, e para todos uma lembrança deste momento.

Ele levanta a mão e, na roupa de cada um, surge um coração violeta com bordas douradas.

– Essa lembrança nos une e nos faz irmãos diante da Evolução e do Amor. Aceitem esse presente.

E o coração, da mesma forma que surgiu, desvanece-se.

– O que aconteceu? – perguntei.

– A energia desse pequeno objeto foi vibracionalmente adicionada ao seu mental superior, um sentido de evolução que ficará latente até o momento necessário – esclareceu Amon.

Assim, o Senhor da Transformação despede-se e some diante de todos, e aos poucos, os portais ligados às mais variadas colônias se abrem e nossos irmãos se retiram em longa e fraterna despedida.

Túlio vira para nós e nos abraça.

– Bom, companheiros, preciso retornar para a Caminhos de Oxalá. Ricardo, Márcia, foi um grande prazer e espero que venham me visitar em breve. Amon, até mais, meu irmão, estarei sempre com você, e precisando basta me chamar, ok?

Todos nós nos despedimos de Túlio e ele foi em direção ao portal aberto ligado à sua cidade.

– Ainda bem que ele não precisou nos proteger – comentei, relembrando os momentos naquele vale.

– Você é que pensa, enquanto estávamos com a atenção presa nos processos iniciais da desfragmentação do local, um trio de bestiais se aproximou pelas nossas costas, e vinham sorrateiramente, mas Túlio agiu antes que eles pudessem fazer algo e, com sua força espiritual, os colocou imóveis e solicitou a alguns Exus que os levassem para o transporte.

– Nossa, não vi isso – respondi impressionado. – Ainda bem que estava conosco.

– Sim, eu havia notado que eles estavam se aproximando, mas antes mesmo que pudesse fazer algo, Túlio foi rápido na resposta a esses seres.

– Por isso pedi para ele acompanhá-los, pois sabia que, mesmo com toda a proteção, sempre pode acontecer algum imprevisto – disse Amon.

– Verdade, meu querido, as zonas inferiores são sempre imprevisíveis, mas graças a Deus nada de mais grave aconteceu, nem a você nem a ninguém.

– Com certeza, alguns irmãos tiveram pequenos ferimentos, por descuido e um pouco de inexperiência, mas já estão sendo tratados, e logo mais estarão conosco novamente.

Aos poucos todos foram se retirando, e nos despedimos de quem vinha até nós, assim que todos foram embora, os portais se fecharam. Alguns segundos de silêncio e novamente os portais para as dimensões elementais se abriram, com a chegada dos trabalhadores.

– Bom, vamos descer – disse Márcia. – Vamos ver como os três estão lá na regeneração.

– Enquanto vocês vão até lá, eu vou até o Sétimo Vértice, para guardar os objetos.

Saímos do Salão e nos direcionamos até o Quinto Vértice, dos Mestres e da Cura, no prédio de Regeneração.

Ao chegar, notei Glauber na entrada.

– Olá, Glauber, como está? Muito atarefado? – perguntei, aproximando-me.

– Olá, Ricardo, Márcia... Sempre, né?. A todo instante chegam irmãos necessitados de auxílio, nossa tarefa aqui é incessante.

– Imagino, meu amigo, sendo este prédio o local principal, praticamente, de quem chega.

– Sim, mas é gratificante e amo o que faço, Ricardo, nada me tiraria daqui; para mim, ajudar e ver um irmão levantar-se me deixa muito feliz, mas agora com licença, preciso voltar para minha ala.

– Glauber – adiantou-se Márcia –, você sabe onde estão os três que Amon trouxe, do Vale do Horror?

– Ah sim, Sara, Fábio e Loman. Eles estão na ala de reestruturação psíquica, desacordados, em processo intensivo de tratamento, já que o assédio foi profundo.

– Há alguma previsão de melhora? – perguntei.

– Ainda é cedo para falar, Ricardo, pois isso depende muito de cada um, a força de reação é muito individual.

– Entendo.

– Mas, assim que tiver notícias, eu os chamarei, fiquem tranquilos, eles estão sendo bem cuidados.

– Disso não tenho dúvidas, meu amigo.

– Então, novamente, com licença, preciso voltar, pois a quantidade de pessoas que chegaram foi grande.

Glauber voltou para a ala, sumindo pelos corredores do prédio.

– Não tem jeito, teremos de esperar, Márcia – suspirei.

– Não desanime, sua tarefa foi bem cumprida, eles foram recolhidos e agora vão iniciar um novo processo pessoal.

– Verdade, mas dentro de mim sinto que preciso ajustar essas pontas soltas.

– E você irá; como já disse, tudo a seu tempo.

Nisso surge Amon.

– E aí, conseguiram informações?

– Sim, eles estão desacordados em tratamento – disse Márcia.

– Normal, afinal acabaram de chegar; você mesmo, Ricardo, quanto tempo não demorou para ter a harmonização completada? Então, paciência, meu amigo; aliás, tenho uma surpresa para você. Vamos até o Círculo de Evolução do Ser, eles querem conhecê-lo.

– Não antes de passar no Alberto – disse Márcia. – Precisamos retirar o processo de defesa emocional, instalado no Ricardo pelos processos neuroespirituais.

– Ah não... me deixem assim – acho que falei fazendo cara de criança chateada, pois ambos riram.

– Não é possível, Ricardo, estágios emocionais devem ser atingidos por meio das experiências e conhecimento interno; se ficar assim, agora você estará bem, mas há a possibilidade de trazer problemas futuros, justamente por ter uma parte de seu sistema límbico desligado.

Fomos até o Alberto, e o dr. Marcos ligou os fios novamente daquele estranho cérebro-robô em minha cabeça, ativando as luzes que estavam apagadas, e emoções começaram a reaparecer em meu espírito. Já estava me acostumando a não tê-las mais.

– Pronto, Ricardo, você está inteiro de novo – disse o dr. Marcos.

– Pois é, lá vou eu com essas emoções e lembranças antigas novamente – disse, esboçando um descontentamento.

Nisso Alberto veio até mim, sorrindo.

– Não fique chateado, lembre-se: você criou seu campo emocional e precisa aprender a lidar com ele; sem isso, você não evoluirá. Além do mais, seu progresso é algo admirável e acredito que logo mais você estará em harmonia com seus corpos emocionais.

Acenei com a cabeça concordando, mas ainda chateado, fazer o quê, estou aprendendo ainda.

E todos riram ao ler o que se passava na minha cabeça.

– Ricardo, vamos agora até o Círculo de Evolução – disse Amon. – Você irá gostar de conhecê-los.

Nós nos despedimos de Alberto e do dr. Marcos, e rumamos até o Primeiro Vértice.

Capítulo 12

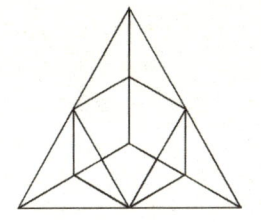

O Círculo de Evolução do Ser

— Amon, você é o Guardião do Sétimo Vértice, correto?

— Sim, correto, Ricardo.

— Quem é o Guardião do Primeiro Vértice?

— Ele se chama Sefhirion, mas o chamamos de Sef. Ele veio junto com os demais da estrela Siren, mas pediu para ficar no vértice de Evolução, pois sentiu um forte alinhamento com o magnetismo desse local. E desde então cuida como nenhum outro Guardião desse vértice. Quando algo exige sua intervenção, ele é tão rápido e eficaz como o Senhor da Evolução. Bom, estamos chegando, essa construção sempre me traz paz, adoro a vibração que ela emana.

Chegamos no vértice secundário do Primeiro Vértice da cidade, o de Evolução, também chamado de Círculo de Evolução do Ser.

Olhando por fora, em comparação com o vértice do Fogo Divino, até que era bem mais simples, uma linda porta em cristal violeta com nuances de branco, uma construção de dois andares; aliás, todos os vértices secundários possuem dois andares.

Entramos e havia várias pessoas vestidas com mantos das mais variadas cores, todas com a cabeça coberta; alguns conversavam entre si, outros iam e vinham em tarefas designadas, notei alguns elementais do ar e estranhas orbes que iam e vinham, algumas acompanhando as pessoas, outras voando aleatoriamente, de vários tamanhos e intenso brilho.

— O que você vê são tipos elementais também. Essas orbes são seres chamados de elementais do éter, é um tipo elemental inexistente no plano terrestre, eles atuam exclusivamente aqui no nosso plano e nos superiores, possuindo a habilidade de acelerar as capacidades mentais superiores existentes nas pessoas, permitindo assim que vivenciem *flashes* de sua ligação com o nirvana, além, óbvio, de aumentar em muito as capacidades cognitivas. Eles atuam basicamente nos corpos superiores e sua harmonização. Geralmente são imperceptíveis, mesmo para nós, pois eles são de dimensões muito superiores e mais sutis que as nossas, agindo silenciosamente em cada um. Mas aqui, pela própria atmosfera, eles conseguem alinhar-se e materializar-se em nosso plano, dando-nos a oportunidade única de conhecê-los. Ao contrário, dos demais elementais que possuem somente uma cadeia simples de DNA cósmico, tornando-os seres irracionais e reativos/emocionais. Esses elementais são extremamente inteligentes e conseguem atuar amplamente em nossos corpos mentais sem a menor dificuldade – esclareceu Amon.

– Então pode-se dizer que algum deles se alinhou com meu espírito, naquele dia em que tive um breve despertar para dimensões muito além das nossas?

– Acredito que sim, pois na condição em que estava, iria demorar algum tempo para que alinhasse tão perfeitamente a ponto de acessar esferas superiores com seu atual nível consciencial; aliás, sem o preparo e conhecimento de como fazê-lo, é praticamente impossível esse despertar.

Nisso, percebo uma esfera verde brilhante acima do meu ombro direito, logo atrás de mim, parada. E por um milésimo de segundo vou até aquele momento cósmico de encontro com o ser da Criação e volto, mas lhe garanto, nessas esferas superiores, um milésimo de segundo é muita coisa para vivenciar.

Desperto em meu corpo ofegante, e Márcia olha-me assustada.

– O que foi? Você está bem?

– Sim, somente fui e voltei até o local que aquele ser da Criação havia me chamado, fiquei um bom tempo lá.

– Nossa, aqui eu nem notei nada, você estava andando comigo e parou, respirando ofegante em seguida.

Olhei para a orbe e pensei, era você então que estava comigo naquela sala?

E ela deu uma volta sobre minha cabeça.

– Entendi, obrigado.

Nisso chega até nós um dos integrantes do local.

– Sejam bem-vindos, meus amigos. Vejo que tem uma orbe X com você, interessante.

– Sim, pelo jeito ele me acompanha já há algum tempo, mas nunca notei sua presença.

– E são imperceptíveis mesmo, mas, uma vez conquistado um deles, ele permanecerá com você, até o fim dos processos de evolução da consciência superior. Provavelmente essa ligação ocorreu após seu despertar, quando de sua encarnação indígena, graças aos vários rituais realizados. Acabou despertando seu Eu maior, iniciando o processo de harmonia universal.

– Aliás, perdoem minha pobre introdução; chamo-me Carlos Henrique, sou um dos trabalhadores e mestres desse círculo de evolução. Aqui estamos todos empenhados em despertar os sentidos de evolução em cada pessoa, desta cidade e também no plano terrestre. Na Terra, atuamos tanto no mental como no espiritual, fazendo-as se conectarem com o Conhecimento Divino, materializando assim descobertas no campo científico, e novidades no campo religioso-filosófico ou mesmo artístico. Iremos atuar fortemente no campo religioso daqui a alguns anos, pois haverá um grande desalinho nessa área, na Terra. Já começaram a encarnar líderes trevosos e espíritos ignorantes de épocas medievais, que estão cristalizados na forma bárbara religiosa e moral de enxergar Deus, e para isso estão sendo preparados alguns irmãos, para a descida, que servirão de contrapeso a essa leva de espíritos e à própria energia nefasta que espalharão pelo globo, em apoio ao pedido do próprio Mestre Jesus e demais Mestres da Luz.

– Já temos alguns irmãos encarnados que são acompanhados a todo instante por um de nós, até o momento de o trabalho ser realizado. Alguns estão em São Paulo, outros no interior, e até em outros estados. Atuarão nas diversas vertentes religiosas, despertando os que os procurarem para a razão do ser e de sua evolução. Eles servirão de ponte para a luz e ajudarão muitos. Provavelmente serão atacados em todos os sentidos, mas estaremos vigilantes ao seu lado, sempre.

– Será uma grande tarefa, Carlos.

– Com certeza, gostariam de conhecer alguns dos nossos, na Terra? Ficaremos alguns dias por lá.

– Adoraria – respondi entusiasmado com a novidade, fazia tempo que não descia ao globo terrestre.

– Agradeço o convite, mas não posso – disse Amon. – Preciso realizar uma palestra sobre defesa psíquica lá no Cruzeiro Divino,[10] e vou ficar fora algum tempo.

– Entendido; então vamos, Ricardo – disse Carlos. – Há uma grande equipe à nossa espera.

– Você virá, Márcia? – perguntei.

– Não, Ricardo, vou aproveitar o tempo e ficar um pouco com Amon; já que ele tem essa tarefa, irei com ele.

– Aliás, Ricardo, acredito que você já possa se sustentar, e ainda mais na companhia desses Mestres, estará completamente seguro – disse Amon, batendo em minhas costas.

– Se cuidem vocês dois, então.

Ambos se despediram de mim e fui junto ao Carlos, que me chamou para o andar superior daquela construção.

– Vamos até a espiral evolutiva, é necessário passar por ela e tenho certeza de que será muito benéfica a você.

– O que ela faz, Carlos?

– Ela realinha seus corpos emocionais, ajustando traumas e vivências que possam ter deixado marcas em seu espírito, permitindo enxergar tudo mais claramente e melhorar na tomada de decisões. E se houver indícios do despertar interior, ela acelera esse alinhamento sutilmente. Acaba se tornando um pequeno salto evolutivo para seu espírito.

No andar superior, há um imenso cristal violeta e laranja em formato de losango, e no chão uma espiral desenhada com vários símbolos que desconheço em seus traços.

– Muito bem, quero que você pise no início dessa espiral e comece a andar lentamente em direção ao centro dela.

Conforme eu ia fazendo isso, sentia uma parte de mim ser descolada; a sensação é essa mesmo, como se estivessem tirando uma roupa molhada do seu corpo, e, após passar por cada símbolo, eu ia ficando mais leve e mais centrado; quando cheguei no meio, Carlos falou:

---

10. Cidade espiritual ligada à egrégora de Umbanda.

– Muito bem, seus corpos emocionais estão separados, a sensação que você sente é justamente dessa separação, o grande peso na evolução encontra-se, no atual estágio evolutivo da humanidade, preso nos corpos emocionais criados durante as experiências terrestres, são todas marcas presas em seu espírito, momentos emocionais em desarmonia com seu Eu Superior. Com a harmonização, eles não estarão mais em conflito com seu espírito e assim você terá, a partir de agora, um novo olhar para a sua vida.

A hora que eu olhei para os lados, tomei um susto, eram como minhas fotografias, presas em um vidro bem fino e translúcido. Mas todas ligadas na região do umbigo por um cordão na cor bronze brilhante. E o último, logo atrás de mim, ligado da mesma forma, criando uma espiral de vários eus. Ao ligar a máquina, o cristal começou a piscar uma luz violeta intensa com alguns pontos de laranja, aumentando lentamente sua velocidade, até ficar plenamente acesa. Eu sentia tudo reverberar em meu ser, e despertou um amor intenso por cada eu ali existente, o que me fez cair em prantos.

Ao terminar, eu podia sentir a clareza de meu mental e o entendimento de cada emoção ali presente, o chão começou a se mover e a espiral foi se fechando, fazendo essas imagens minhas se encontrarem e se fundirem, até chegar a mim, finalmente encaixando em meu espírito.

Eu não conseguia fazer nada além de chorar, devido à intensa mistura de alívio, amor e gratidão pelo momento. Carlos veio até o meu encontro.

– Pronto, Ricardo, a partir de hoje, você raramente irá cair em qualquer armadilha emocional, a não ser que queira.

– Não tenho palavras, Carlos, para descrever minha gratidão pelo que estão fazendo a mim. Não sou merecedor de tanto auxílio.

– Não se menospreze, meu amigo, você já alcançou muita coisa durante suas encarnações e mesmo no período errante. E acredite, você foi chamado aqui porque a energia da Criação que lhe acompanha solicitou ao Mestre Ank-Thorum que déssemos a iniciação desse vértice para você. Então, meu amigo, você é muito protegido e querido, não se menospreze. Você irá realizar algo e acredito que não será pequeno.

Suas palavras entravam fundo em meu ser, mas agora eu percebia minha vida muito claramente. Tudo estava acessível para mim, sentia coragem e determinação para dar o próximo passo.

– Bom, vista esse manto, a partir de agora você é um de nós, bem-vindo ao Círculo.

Ele me entregou um manto violeta com suas bordas em prata.

– Virei um mestre?

– Não, você se tornou um membro do Círculo; para ser mestre você precisa se iniciar e se alinhar com o magnetismo do vértice, fora o conhecimento adquirido do sentido da Criação necessário. No caso daqui, no sentido da Evolução. Vamos? Nossos irmãos nos esperam.

Na saída do vértice, vários irmãos do círculo nos esperavam, e Carlos começou a me explicar.

– Vamos descer para ver como estão nossos irmãos já encarnados e aplicar um reforço em suas auras, pois nos foi relatado que alguns sofreram um tipo de assédio telepático, tentando abrir brechas em seus emocionais para serem mais facilmente atingidos futuramente. Mas foram rechaçados por nossos irmãos que os acompanham, mas em virtude da insistência observada, vamos interferir mais profundamente. Nosso transporte nos aguarda.

– Não vão abrir portais? – perguntei.

– Não, para o planeta nós usamos os transportes comuns, assim foi feito para não nos diferenciar dos demais trabalhadores e também, ao abrir um portal de distorção da realidade, no campo terreno, podem ficar assinaturas energéticas no ambiente, e se a pessoa for sensível ela, pode acessá-las com suas capacidades, correndo o risco de um provável desequilíbrio momentâneo na percepção de realidade. E para se deslocar naquele plano, usamos o próprio pensamento.

E assim sentamos em um dos transportes que aguardava os irmãos. Por dentro parecia algo semelhante a um transporte da Terra, com exceção do espaço entre poltronas e também pelo clima agradável em seu interior.

Descemos, inicialmente visitamos algumas crianças que eram colocadas em aparelhos para aumentar sua resistência psíquica e mediúnica.

O aparelho era engraçado, pois o corpo da pessoa era colocado praticamente dentro de um tubo e, ao ser ligado, energias prateadas pululavam dentro dele, sendo absorvidas pelo corpo.

— Isso dará um bom reforço energo-espiritual a esses garotos, para que não sejam incomodados, preservando-os de ataques extrafísicos trevosos. Esses irmãozinhos são membros e iniciados do Círculo, e foram preparados para trabalhar na luz e ajudar os demais. Possuem uma sensibilidade aberta e ostensiva, o que exige de nós certo cuidado para mantê-los em equilíbrio, já que essa sensibilidade pode ser alvo de espíritos trevosos, por isso cada um deles possui um de nós acompanhando dia e noite, até que suas capacidades espirituais estejam ativas e possam ter o discernimento de ação diante da vida.

Fomos a vários locais, muita coisa havia mudado, mas outras nem tanto. Agora as pessoas estavam se vestindo diferente de minha época e o próprio ar era difícil para respirar. O que eu me acostumei, com o tempo, pois segundo Carlos a atmosfera psíquica terrena é tão densa quanto a umbralina, pelo menos estava se tornando, o diferencial é que o corpo físico, acostumado àquele tipo de vibração, não deixava os encarnados sentirem, com exceção daqueles que possuíssem uma sensibilidade maior.

Visitamos várias pessoas que, segundo Carlos, iriam desempenhar as mais variadas tarefas, tanto no campo religioso como no social e cultural.

E, assim, fomos visitando os protegidos do Triângulo Divino que estavam encarnados, para logo depois ir para igrejas e locais de trabalho, colocando aparelhos no ambiente para a proteção e harmonização.

Era tudo tão interessante, e tanta coisa para fazer, que não paramos um segundo sequer, e estava tão prazerosa a realização da tarefa, que esqueci praticamente de tudo e nem vi o tempo passar.

Ao término de algumas semanas, com tudo finalizado, entramos nos veículos e partimos de volta ao Triângulo Divino.

Chegando, Carlos Henrique me falou:

— Obrigado pela sua ajuda, agradecemos pelo seu tempo gasto em nos auxiliar.

— Não precisa agradecer, Carlos, eu que fiquei muito feliz em ser chamado para essa deliciosa tarefa, sem contar o que vocês fizeram antes para mim, não tem gratidão que expresse tudo que sinto.

Nós nos abraçamos como grandes amigos, ali eu havia conquistado mais um grande aliado para a minha jornada, uma amizade que seria muito expressiva no futuro.

Eu me despedi de todos e fui ao encontro de Márcia, será que ela e Amon já haviam retornado?

Capítulo 13

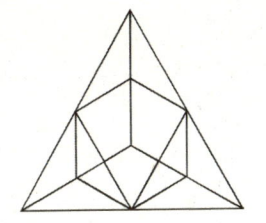

O Reencontro

Passei no Vértice Central, e fui ao encontro de Alberto.

– Olá, Alberto, você viu a Márcia?

– Olá, Ricardo, andou sumido, como foi a caminhada entre os vivos novamente? – disse jovialmente. – É estranho ficar muito tempo fora, lá percebe-se a evolução agindo constantemente tanto nos seres como no ambiente.

– No início estranhei um pouco as mudanças, mas logo me acostumei e até gostei das novidades.

– É nossa capacidade de adaptabilidade aos ambientes, algo que somente a humanidade possui agora, já Márcia, ela deve estar com Amon, na Travessa dos Guardiões, eles voltaram há alguns dias, por que não vai até lá?

– Muito obrigado, Alberto, vou ver se eles estão lá.

Chegando ao Sétimo Vértice, fui até a Travessa, e lá na casa estavam os dois. Ao me virem, sorriram e vieram ao meu encontro, com Márcia logo querendo saber as novidades.

– Ricardo! E aí, como foi na Terra, me conte as novidades. Hum, esse manto violeta e prateado, parabéns! Agora você está dentro do Círculo de Evolução! Muito bom mesmo.

– Verdade, meu amigo – disse Amon. – Não disse que você já era capaz de começar a se virar sozinho? Tá aí, um irmão da Evolução, parabéns!

E diante daquele momento de paz e harmonia entre pessoas que se gostam e se respeitam, ficamos algumas horas conversando sobre as experiências vividas nessas semanas.

– Não quero mais atrapalhar vocês, vou até o Prédio de Regeneração para ver como meus irmãos se encontram, se me dão licença.

– Olhe só, Amon, é só pôr um manto violeta e prata que já descarta sua guia da cidade – disse Márcia, soltando uma gostosa risada.

– Pois é, Márcia, já já seremos aprendizes dele.

– Jamais, Márcia, você sempre será minha guia preferida.

Sorrindo, despedi-me de ambos diante daquela agradabilíssima amizade.

Cheguei à entrada do Prédio de Regeneração, chamei Glauber mentalmente, que logo em seguida apareceu diante de mim.

– Olá, Ricardo, soube que agora faz parte do círculo, aproveite, meu amigo, pois lá há grandes pessoas muito amigas e sempre dispostas a nos ensinar.

– Eu percebi, Glauber, essa cidade inteira é fantástica e viciante, a gente não quer sair mais daqui, depois que a conhece.

– Concordo, lugar como esse é único em todo o plano espiritual, mas diga o que precisa, meu amigo.

– Gostaria de saber novidades da Sara, do Fábio e do Loman.

– Perfeitamente. Sara e Fábio estão na ala de reestruturação psíquica, desacordados. Já Loman está aos meus cuidados, ele é tão forte quanto você, Ricardo.

Esbocei um leve sorriso, imaginei que ele já estivesse acordado.

Glauber continuou:

– Fique tranquilo, ele despertou para as verdades e já pediu para conversar com você, in-sis-ten-te-men-te – disse dando risada, como a lembrar de algo.

– Posso encontrá-lo? – perguntei.

– Hoje não, meu amigo, ele foi transferido para a ala somente há alguns dias, ainda requer cuidados para que não atrapalhe a harmonização, mas acredito que amanhã ele poderá conversar com você.

Agradeci e voltei até Márcia e Amon, para contar sobre os três.

– Amanhã irei com você – disse Márcia. – Gostaria de ver como eles estão.

No dia seguinte, fomos eu e Márcia até o prédio de regeneração, entramos e entre os corredores encontramos Glauber.

– Já ia avisar vocês, o dr. Luis deu permissão para conversarem com Loman; aliás Sara e Fábio acordaram, e já mudaram para a ala de restauração espiritual, acredito que ficarão pouco tempo, pois o dano maior foi mental neles dois.

– Fico feliz em saber, Glauber; bom, você está indo para a ala de equilíbrio pessoal?

– Sim, vamos todos para lá, vim buscar as folhas vitais para eles mastigarem.

– Bem me lembro dessas folhinhas, são ótimas.

Caminhamos em direção e entramos na ala, nisso Glauber pede para Márcia esperar.

– Acho que agora o momento é só deles.

Entro e avisto Loman, nossos olhares se conectam, mas ele abaixa a cabeça.

– Loman, meu caro, não abaixe os olhos, o passado acaba hoje, estou feliz em reencontrá-lo de forma diferente.

– Eu sei, Ricardo, mas me envergonho do mal que lhe causei. O fato de matar meus familiares naquela encarnação despertou um ódio tão grande dentro de mim que fui facilmente manipulado, levando séculos de sofrimento a você e a Sara, atingindo Fábio por último. Minhas atitudes foram erradas e me coloquei de juiz e executor perante você. Se realmente puder, me perdoe.

– Loman, saiba que mesmo o período em que sofri em suas mãos, eu não sentia raiva de você; ao contrário, eu senti tristeza, por nos envolvermos dessa forma, pois desde o começo o tive como a um irmão. O que eu aprendi aqui é que não devemos julgar ninguém, seja quem for, e tudo acontece como é previsto, nada escapa dos olhares dos Maiores na Lei de Criação. Então sinta-se perdoado, mesmo não havendo a necessidade, pois também agi cruelmente contra você, levando-me para um caminho sombrio por séculos. Mas tudo está dentro dos desígnios de Deus e somos irmãos de caminhada, mesmo esse período tendo acontecido em caminhos opostos, mas acredito que eles não se cruzaram em vão. Então, meu amigo, somente para dar paz ao seu espírito, eu lhe perdoo, mas somente se também me perdoar – disse com lágrimas e sorrindo.

– Lógico, Ricardo, a partir de hoje você pode ter certeza de que serei seu irmão e sempre que precisar estarei com você.

Nós nos abraçamos, em prantos, eu agradecendo aquele momento, sentindo que uma parte de mim estava quite com a evolução. Meu caminho estava tomando formato, e foi a partir desse momento que pude sentir alívio daquele passado que vira e mexe me perseguia.

Nisso, Márcia se aproxima.

– Muito bem, meninos, agradecemos a Deus por esse momento e a partir de hoje sejam amigos, ou melhor, irmãos, que a vida irá lhes presentear sempre.

– Muito bem, Loman, agora trate de sarar logo, pois eu serei seu guia nesta cidade. Acredite, você irá ficar espantado com o que o aguarda.

Ele sorriu e concordou com a cabeça, nisso Glauber interviu.

– Muito bem, muito bem, chega de fortes emoções por hoje, senhor. Loman, hora de descansar.

Ele ativou as luzes do triângulo acima da cama, fazendo Loman relaxar quase instantaneamente, entrando em sono profundo.

– Bom, meu amigo – disse Glauber. – As coisas estão caminhando para o melhor, fico feliz.

– Eu também, é como se uma sombra que me perseguia por séculos fosse apagada da minha mente por esse momento de luz.

– Isso é harmonização interior – complementou Márcia. – Você está caminhando para a evolução consciente.

– Eu sinto isso, Márcia, desde que passei pelo círculo de evolução, penso muito claramente e objetivamente. Mas Glauber, me avise, por favor, quando tiver autorização para conversar com Sara e com Fábio.

– Pode deixar, acredito que poderá vê-los antes do que imagina.

– Enquanto isso, vamos até as bibliotecas, Ricardo, você precisa começar a ler sobre as Leis Espirituais e de Criação.

Nós nos despedimos e nos dirigimos até a Biblioteca da Cidade.

Essa biblioteca é algo grande mesmo, livros terrenos e espirituais, pesquisas diversas, tudo disponível para acesso, podendo ser através da leitura direta ou por meio de indução mental. Se for por indução, você escolhe o assunto e vai para um lugar específico da biblioteca, onde, ao se deitar, são colocados fios em sua cabeça, e o assunto é introduzido através da estimulação neural ou aprendizagem indireta. O problema é que você fica algum tempo inconsciente, enquanto o assunto é repassado para sua mente. Eu experimentei os dois modos, e digo que a leitura é melhor, pelo menos não me identifiquei muito com a outra forma; apesar de que, ao acordar, você tem todo o assunto em sua memória, como se fosse um computador. É bem curioso.

Já há alguns dias na biblioteca, confesso que me tornei um espírito cliente desse local, estava lendo sobre as formas de criação do Universo e suas qualidades e processos evolutivos quando minha mente perdeu a concentração da leitura para um chamado inesperado.

"Ricardo, meu doce e querido irmão, gostaria que viesse ao Segundo Vértice pois temos assuntos a tratar. Se possível, venha até aqui, no vértice do Amor. Aliás, esse convite também extendo a você, Márcia. Fiquem na paz e lhes aguardo."

Nisso Márcia aparece à minha frente com os olhos arregalados pela convocação inesperada.

– Márcia, o que foi isso?

– É a sra. Nadjari, a mestra do Segundo Vértice.

– É aquela senhora que me socorreu, no calabouço, quando estava sobre os domínios das trevas?

– Perfeitamente, Ricardo, ela mesma!

– Mas o que será que ela quer conosco? – perguntei em um misto de curiosidade e ansiedade.

– Seja lá o que for, é uma honra ser chamado para ter direto com ela. Sei que aqui ninguém é melhor que ninguém, mas estar diante de um espírito com tanta força e expressividade chega a me dar um pouco de lisonjeio – disse com expressão de espanto.

– Olhe lá, cuidado, hein, minha guia-chefe, não vá se perder nas trevas – disse com olhar mateiro, rindo logo em seguida. – Não quero buscá-la nas zonas inferiores.

– Ah! Ricardo! Para de ser bobo! – falou, dando-me um tapinha no braço. – Aqui é guia de luz estelar! Nada me apaga não!

E rimos.

– Eu sei, por isso o Universo a colocou para me guiar.

E, assim, fomos caminhando em direção ao Segundo Vértice, curiosos com o chamado inesperado.

No caminho, Márcia olha para mim com a expressão de uma criança indo ao encontro do seu ídolo.

– Sabe, Ricardo, eu estou há décadas aqui nesta cidade e somente agora irei conhecer a sra. Nadjari.

– Nossa, Márcia, mas por quê?

– Porque a Lei Maior do Amor sempre foi a pedra em minha evolução por encarnações a fio. Histórias envolvendo o Amon e mesmo encarnações sozinha, cheias de escolhas equivocadas, reações infantis diante da vida, que me fizeram fechar os sentidos do Amor ao próximo e mesmo a mim. Por séculos sendo uma pessoa amargurada, crítica e vingativa, não aprendendo com as lições duras que a escola terrena me trazia. Situações que me geraram culpa e uma autocrítica imensa, mesmo após meu retorno para a luz e a evolução. E por causa de tudo isso, achava que não estava pronta para encarar essa energia de criação ainda.

Enquanto ela falava, percebia um fio de lágrima escorrer sobre seu rosto e pensei: "Todos nós, independentemente do grau que já tenhamos atingido, sempre teremos nossas questões".

Como lendo meus pensamentos, ela disse, enquanto enxugava as lágrimas:

– Sim, meu amigo, enquanto tivermos essa vestimenta humana, diante do palco das encarnações, sempre haverá uma questão a ser resolvida. Lembre-se, estar alinhado com as questões não significa necessariamente tê-las resolvidas. Estar alinhado significa que você está em paz com a questão, para aí sim poder resolvê-la sem ter de passar por processos de dor e sofrimento. Pois a clareza traz a liberdade espiritual.

– É isso aí! Essa é a minha guia de luz "estelar" que amo! – disse olhando e a abraçando ombro a ombro, enquanto caminhávamos.

– Só você mesmo, meu querido irmão!

Sorrindo, ela complementou seu pensamento.

– Mesmo os guias possuem suas questões a ser resolvidas, o grau de lucidez diante de suas próprias questões é o que diferencia o quanto ele está preparado para lidar com elas.

– É verdade, Márcia! Eu mesmo, após passar pelo Círculo de Evolução, vi todas as questões que estavam me prendendo para alçar voo. E todas elas, a maioria emocionais. Antes eu não as compreendia e até me achava injustiçado ao que acontecia comigo, mas após passar pelo processo que me trouxe equilíbrio, eu passei a enxergar com mais clareza e perdão pessoal, podendo lidar com elas mais conscientemente.

– Exato; por isso, para mim, esse chamado tem um valor mais que especial, quase sagrado, pois praticamente me fornece o aval de que meus caminhos estão em harmonia pessoal, senão, com certeza não iríamos ser convocados para falar com ela.

– Nossa! Sério?! Por quê? Ela mexe tanto assim com os espíritos?

Perguntei bem curioso na verdade, pois Márcia falou soltando um ar misterioso, como a ligar fatos já conhecidos por ela.

Mas ela me respondeu de um jeito a aguçar ainda mais minha curiosidade.

– Na hora que estivermos diante dela, você me dirá se não estou certa.

Lógico que minha curiosidade praticamente felina me cutucou fundo, e mais do que nunca agora queria conhecer aquela senhora responsável por um vértice inteiro e que também havia me resgatado pessoalmente das mãos da escuridão. Nesse instante me surgiu um pensamento de dúvida.

"Por que essa mulher, de elevada expressão hierárquica espiritual, virou seu olhar para o meu momento de sofrimento diante das trevas e ela mesma foi me resgatar? Por que eu? Não tenho nada de espiritual, pelo contrário, tenho muito ainda a ajustar diante da eternidade". Lendo meus pensamentos, Márcia interrompeu-os.

– Isso é algo que ela irá lhe explicar, mas com certeza, se ela interviu, foi porque você merecia, e digo que todos nós somos especiais, mas alguns já mais próximos de grandes tarefas acabam por receberem auxílio mais intenso de seres e esferas superiores diretamente. E acredito ser seu caso, meu amigo!

Chegamos ao Segundo Vértice e caminhamos em direção ao vértice que dá a sustenção, ou vértice secundário (já expliquei em capítulos anteriores), chamado de Discípulos de Maria.

Na entrada, flores das mais variadas e diversas. Algumas eu nem conhecia, mas todas exalando um perfume ímpar no ambiente, como que limpando e chamando inteiramente nossa alma para a contemplação de algo superior, colocando-nos em um estado mental alterado.

Essa alteração é uma sensação de bem-estar maior ainda do que já sentimos enquanto dentro do Triângulo Divino.

– Meu Deus, Márcia! Estou me sentindo literalmente nas nuvens! Uma sensação de paz, um sentimento de harmonia, um mix de suavidade e bem-estar! São várias sensações ao mesmo tempo! Como se algo me chamasse para contemplar a própria Criação!

Márcia começou a rir, por causa do meu estado eufórico-catatônico.

– Não lhe disse? E olha que aqui é só a entrada! Prepare seu coração literalmente! – disse, rindo alegremente. – Essas flores soltam no ambiente um aroma-fluido carregado de essência da criação, no sentido do Amor. Esse fluido-éter vibracionalmente carregado, ao entrar em contato com nossos centros nervosos, os estimula, levando a um relaxamento quase instantâneo, sem contar que nosso corpo astral muda vibracionalmente, entrando em harmonia imediata com o vértice. Tudo isso para que possamos acessá-lo sem nos levar ao desequilíbrio da contemplação excessiva. Afinal, a luz em estados superiores, em contato com os que não estão preparados para ela, cega e paralisa.

Isso para mim foi muito, mas muito diferente do que já havia experienciado na cidade até o momento. Pois, por mim, eu sentaria ali mesmo, naquele jardim imenso, junto às flores, e ficaria sem o menor problema.

Lendo meus pensamentos, Márcia começou a rir, e me puxando pelo braço foi me guiando.

– Entendo, Ricardo! Mas acho que você não tem a menor essência para se tornar um cravo no meio dessas rosas! Deixe eu salvar essas lindas de você!

E me puxando como uma criança puxa a outra, ambos fomos rindo, atravessando aquele pedaço do céu, com a imagem mental minha como um cravo plantado no meio daquelas rosas.

— Você sabia, Ricardo, que essa plantação é chamada de canto das sereias?

— Por quê?

— Porque elas possuem justamente o efeito dos cantos das sereias das lendas terrenas. Por meio do que elas causam no espírito, o sentido inebriante que elas trazem pode paralisar um espírito que não esteja preparado para harmonizar-se com essa Lei Maior, fazendo com que ele não queira sair do local.

Nisso uma sombra de dúvida pairou sobre mim.

— Vixe! Será que não estou preparado para entrar? Porque você viu! Eu queria ficar ali...

— Não. Se você não estivesse preparado, a sra. Nadjari não o teria convocado. Além do mais, os espíritos que ficam presos pelo "canto" das rosas tiveram de ir direto para a ala de restauração espiritual para serem despertos. O que não foi seu caso.

Chegamos à entrada do Discípulos de Maria. A construção inteira em tons de rosa e dourado, o prédio possuía o formato de uma rosa, as pétalas de tom sobre tom no rosa, do mais escuro, na base, até o mais claro nas pontas, mostrando-nos uma harmonia ímpar nessa construção.

A porta translúcida com o coração desenhado em seu centro, envolvido em um manto azul, com uma coroa sobre ele, e duas mãos como a sustentarem todo o desenho.

Ao abrirmos a porta, minha surpresa. Não havia espíritos de natureza masculina no ambiente. Somente mulheres, que iam e vinham em um bailar suave por todo o local, que de certa forma combinava com a música e o perfume que tomava conta de todo o salão, aroma esse muito parecido com o das rosas do lado de fora.

— Márcia, por que não há espíritos masculinos aqui?

— Porque neste vértice trabalham somente espíritos femininos, devido à ressonância perfeita com a Lei do Amor que esses espíritos atingiram. Eles decidiram todos assumirem a natureza feminina da criação, pois além de despertar nos demais o valor inconsciente de mãe que carregamos, permite acessar mais facilmente o mental daqueles que eles acessam. Sem contar que o próprio aspecto feminino possui a natureza de acolher, é o aspecto que cria a vida e dá suporte constante para que ela se desenvolva perante a evolução.

– Entendi, Márcia, mas não vou esconder que estou surpreso!

– Sim, eu percebi, e já esperava essa sua reação. O mundo terreno e mesmo algumas cidades espirituais, ligados ainda aos padrões da Terra, possuem o caráter paternalista e ainda carregam esse conceito da mulher inferior ou submissa ao gênero masculino, isso está no inconsciente das pessoas, mas lhe garanto, o aspecto feminino da criação é o mais atuante dentro da evolução, pois é por meio dele que a vida acontece de fato. E ambos são criações universais, possuindo assim funções distintas dentro da criação e tão importante e necessário para o equilíbrio, por isso não há melhor nem pior.

– Verdade, esse conceito ainda está presente no mundo terrestre e nos planos inferiores espirituais.

– Exato, mas conforme a própria evolução humana aumenta, conceitos errôneos e antigos vão sendo deixados no passado.

Interrompendo nossa conversa, uma senhora que havia nos avistado veio a ter conosco.

– Olá, meus amados, sejam bem-vindos ao Discípulos de Maria! Eu me chamo Agnes.

– Olá, Agnes, muito prazer – sorriu Márcia.

– Muito prazer, Agnes! Eu me chamo Ricardo.

– Ah! Sim, sim. A sra. Nadjari nos informou que vocês chegariam. Venham, vou guiá-los até sua sala.

Aquela senhora aparentava uns 50 anos, com os cabelos todos brancos, encaracolados e curtos, de um semblante que era uma mistura de suavidade e firmeza. Vestindo uma linda túnica rosa/branco e dourado, lembrava muito o povo da região da Grécia antiga.

Após eu fazer essa breve análise, ela esclareceu:

– Essa forma foi uma das encarnações que tive no passado, justamente no período de Platão. Foi uma experiência muito agradável, e como me traz boas vivências, decidi adotá-la para trabalhar nesse vértice.

Eu e Márcia nos entreolhamos.

– Obrigado pelo esclarecimento.

– Imagine, minha querida, é sempre um prazer ter uma conversação que me leve os pensamentos às épocas remotas, principalmente a uma tão prazeirosa como a que eu vivi. Sabe, voltar ao passado de forma consciente e harmoniosa nos dá um imenso prazer, pois são como ver fatos de uma experiência que nunca mais irá se repetir igualmente. Por isso tudo, cada instante em nossas vidas é tão especial, e seja um momento bom ou mesmo um momento ruim, ele acontecerá somente uma vez da forma que está se realizando. Por isso, nossa vida, em plena evolução, é tão especial e bela. O que você vivência hoje, somente hoje você vai experimentá-la da forma que está sendo, amanhã será totalmente diferente; mesmo que aconteça parecido não terá o mesmo teor do agora.

Agnes realmente me fez pensar em todo o meu passado, experiências, pessoas, locais, situações, e realmente, tudo foi único e totalmente voltado para o meu aperfeiçoamento. Como um esmerilho em um diamante bruto, e me senti grato com a vida por tudo que passei e pelo momento único que estava vivendo naquele instante.

Como a perceber meus pensamentos, Agnes se direcionou a mim.

– Isso mesmo, Ricardo, esse é o primeiro passo para o alinhamento espiritual com o Amor Universal. Reconhecer que tudo está certo da forma que está e agradecer pela experiência adquirida, pois boa ou ruim ela é destinada somente para você. O Universo a moldou e a tornou sua realidade, pois percebeu e valorizou sua capacidade de vivenciá-las.

– Verdade, Agnes, enquanto estamos presos nas teias da ignorância pessoal, vemos o sofrimento e a dor como castigos. Mas na verdade são molas atadas a poderosos mecanismos a nos guiar diante de nossas escolhas equivocadas perante a vida.

– Sim, e conforme você vai se familiarizando com esses conceitos, esses processos dolorosos vão se tornando escassos e menos presentes no dia a dia, alterando todo o nosso ciclo evolutivo.

Nossa conversa estava tão agradável que mal pude perceber o momento em que chegamos à frente daquela suntuosa construção. Um palácio estilo indiano, com suas formas arredondadas, todo em nuances de rosa e dourado. A porta de entrada em formato de uma flor de lótus, que conforme nos aproximávamos aumentava seu brilho. No topo, uma luz rosa descia e entrava pelo palácio através da torre mais alta, espalhando-se como um véu por todas as paredes externas daquela construção.

Aquela visão paradisíaca simplesmente me paralisou por alguns segundos e praticamente fiquei de queixo caído admirando aquele momento.

Agnes tocou meu ombro, tirando-me daquele leve estado hipnótico.

– Ela é simplesmente linda, não é?

– Verdade, Agnes, estou sem palavras, mas minha alma sente cada pedacinho de luz desse lugar.

– Essa conexão é instantânea para todos que vêm a esse local pela primeira vez, e o que você descreveu está corretíssimo, sua alma é capaz de sentir a vibração do Amor Universal como se fossem flocos de energia tocando seu corpo. Esse tipo de magnetismo é um dos mais vigorosos e intensos no plano da criação. Mas vamos entrando, não deixemos nossa amada mestra esperando.

Assim que ela tocou aquela linda porta, as pétalas foram se fechando, abrindo-a para que pudéssemos passar. Dentro é algo inebriante. A energia, a harmonia, aquelas mulheres indo ao encontro de seus afazeres, todas com um semblante que era puro amor. Essa energia me remeteu instantaneamente a lembranças dos afagos maternos, uma sensação de segurança e de pertencer àquele local profundamente foi despertada em meu ser. Para quem eu olhasse, eu recebia um largo sorriso de volta, e em minha mente elas falavam.

– Seja bem-vindo, meu irmão.

Agora eu estava entendendo a necessidade de um certo equilíbrio emocional para estar naquele local. Com certeza, se não tivesse adquirido um pouco de consciência cósmica e força moral, estaria de joelhos em prantos naquele instante.

Agnes, sorrindo para mim, ao ver meu embasbacamento diante do quadro que se desenrolava para mim, pegou-me pelos braços.

– Vamos, meu irmão, nada de ficar admirando as moças – disse dando uma piscadinha para Márcia, divertindo-se com meu estado catatônico.

— Perfeitamente, Agnes, me desculpe! Já estou me acostumando a ser puxado por mulheres dentro desse vértice! É que essa cidade se revela uma surpresa para mim a todo momento.

— Não se preocupe — adiantou Márcia. — Cada vértice é único e possui fatos e situações que sempre nos deixam admirados e em contemplação.

— E esse é o objetivo — emendou Agnes —, ir harmonizando nossas almas aos poucos, com as belezas e os processos da criação. Venham, subamos até a sala da sra. Nadjari.

No andar superior, as paredes pareciam ser feitas de cristais rosa, uma beleza inexistente no plano terrestre. Paramos na porta de entrada da sala, e assim que chegamos uma voz suave se dirigiu a nós.

— Entrem, meus amores, a porta está aberta!

Ao entrarmos, percebi que o local era quase um salão, e no centro estava uma senhora toda de rosa. No topo de sua cabeça sua aura tinha um formato de flor de lótus quase imperceptível, na cor dourada; sua energia a envolvia como se fosse um manto, azul bem claro e transparente. Ela estava em companhia de mais duas senhoras, mas ao observá-la já a reconheci imediatamente. Era mesmo aquela senhora que me resgatou do calabouço.

Assim que nossos olhares se cruzaram, uma turbulência de emoções começou a fluir dentro de mim. Senti um imenso amor vindo dela. Algo que ainda não havia sentido de nenhum outro espírito. Uma energia que me limpava de toda culpa, de todo remorso, uma luz que me chamava para o trabalho da criação, que sem nada falar me entendia e me abraçava dizendo que tudo está certo, que eu estava em paz.

Aquela Mestra veio em minha direção, assim que adentramos o salão.

— Mestra Nadjari, esses são Ricardo e Márcia — interveio Agnes.

— Sim, minha irmã, agradeço por tê-los trazidos até aqui.

— Com sua licença, estarei na sala ao lado, se precisar — disse Agnes, tocando meu ombro e o de Márcia.

Ambos acenamos com a cabeça e Agnes se retirou da sala.

— Ricardo, Márcia, sejam bem-vindos, eu me chamo Nadjari.

Ela se apresentou dando-nos um fraternal abraço, fazendo minha alma entrar em estado de benevolência total. Olhei para Márcia e deu vontade de rir, pois ela estava como eu horas atrás, paralisada e de olhos arregalados enquanto abraçava a sra. Nadjari.

– Venham, sentem-se aqui, vamos conversar.

– Agradecemos, divina Mestra, eu e Ricardo temos tantas perguntas.

– E todas serão esclarecidas, minha querida.

– Me desculpe, sra. Nadjari, mas foi a senhora que me resgatou das trevas, não foi?

– Sim, Ricardo, eu mesma fui até você. A pedido de sua mãe, que teve a missão na Terra de trazer vocês ao plano carnal, e dessa forma a energia elevada dela foi de certa forma transferida aos seus corpos energéticos no momento da criação, a você e seus irmãos assim que nasceram, para justamente adiantarem os planos evolutivos de todos. Sua mãe da última encarnação é um ser de elevadíssima expressão espiritual, que reside em planos além do humano. E como a missão dela era somente essa, ela desencarnou após o nascimento de todos. Havia um plano de experiências a serem vividas para você, inclusive com tarefas espirituais profundas e renovadoras da alma, no plano terrestre, mas havia a possibilidade de você cair, devido aos elos do passado, e foi o que acabou acontecendo. Mexeu no plano principal de sua última existência. E devido ao desenrolar penoso dos ajustes que a vida veio a lhe cobrar, e aos sofrimentos vividos no passado e ainda instalados em sua alma, juntamente com a incapacidade de superá-los, esse espírito veio até mim solicitar a intervenção para resgatá-lo. E assim houve várias tentativas, que foram os pontos de luz que você via do calabouço, mas sua própria vibração não permitia ainda seu resgate, até que no momento oportuno pudemos interferir, e o desenrolar dos fatos você já conhece.

Eu ouvia a tudo relembrando os momentos de horror que havia passado, momentos em que toda esperança havia sido destruída, com exceção de meu último apelo.

– Sim, e aquele último apelo é um dos elos mais poderosos com a Criação Universal, naquele instante sua alma vibrou com intensidade solicitando o fim daquele sofrimento. Como Cristo disse: "Pedi e obtereis".

– Eu lhe sou imensamente grato, Mestra Nadjari, não sou merecedor de tudo isso que aconteceu e está acontecendo, mas sou consciente de que tudo faz parte da misericórdia da criação e por isso agradeço.

– Sim, mas todos somos merecedores sim, pois somos únicos no Universo e importantíssimos diante da criação. Mesmo que alguns tomem caminhos de dor e sofrimento, chega um instante que a própria alma se cansa e decide mudar os caminhos, e por fazermos parte da própria criação, só o mérito disso já nos torna aptos a sermos abençoados com a misericórdia da redenção. E assim nosso caminho volta a florescer, mudando rumos e trazendo novos conceitos, realinhando-nos para o retorno à harmonia cósmica. Nós somos seres criados para a luz, mas as trevas também fazem parte de nosso crescimento, e em algum momento de nossa existência teremos contato com ela, pois tudo faz parte da criação, e ela é necessária para o nosso despertar diante da evolução espiritual.

– Sim, Mestra, hoje entendo tudo isso; por mais doloroso que foi meu caminho, ele me fez ser o que sou hoje.

– Isso mesmo, tudo está sobre as mãos e o olhar da Criação, nada no Universo é desperdiçado e não há erros. A harmonia da evolução se faz presente em todos os fatos e fatores existentes.

– Me desculpe, Mestra Nadjari – interrompeu Márcia. – O Ricardo eu entendo de estar aqui, mas e eu? Por que fui chamada?

– Minha querida irmã, você está há muito tempo trabalhando nesta cidade espiritual, e seus serviços e dedicação são conhecidos nos sete vértices, e devido às tarefas realizadas com tanta competência e amor, eu quero que você, a partir de hoje, seja uma irmã de Maria, dentro de nosso vértice; se você aceitar, lógico, será uma honra para nós.

Nesse instante Márcia congela na poltrona e, abaixando a cabeça, começa a chorar copiosamente. O que faz Nadjari levantar e ir em direção a ela para abraçá-la.

– Vós que me honrais, Mestra, com esse pedido! Eu aceito com muito amor fazer parte desse vértice.

– Muito bem, então me abrace mais uma vez.

Mestra Nadjari estava com um largo sorriso no rosto e com os braços abertos, Márcia praticamente se jogou sobre eles.

– Muito bem, minha irmã, agora deixe suas lágrimas, a partir de hoje, para aqueles que você irá ajudar, que se encontram ainda pelo caminho das sombras.

Disse isso enxugando as lágrimas de Márcia, dando-lhe outro forte abraço.

– Irmã Márcia, a partir de hoje, nossos corações estarão para sempre ligados e assim todas nós em conexão com o Grande Manancial do Amor existente nos planos da criação. A cada irmã que nasce, no Discípulos de Maria, surge uma estrela no plano material, simbolizando o surgimento de mais uma luz em trabalho divino para a harmonização do plano espiritual e terreno, novamente seja bem-vinda!

Nisso Mestra Nadjari chama Agnes, que entra e se espanta, feliz com o acontecimento.

– Minhas irmãs, apresento-lhes a irmã Márcia. Levem-na para a sala de iniciação para alinharmos nossos corações e mentes.

Abracei minha querida irmã e guia espiritual, que estava extremamente emocionada, e agradeci demais por estar presente naquele momento único.

A Mestra Nadjari vem ao meu encontro.

– Você irá presenciar a entrada de nossa irmã aos Discípulos de Maria. Sua presença será permitida, pois além de possuírem uma profunda ligação, seu testemunho será útil para a tarefa que iremos realizar.

Eu não tinha a mínima ideia de qual tarefa ela estava falando, mas hoje sei que foi para narrar os acontecimentos neste livro.

– Mas antes, Ricardo, abra seu manto, que recebeu no Círculo de Evolução do Ser.

Ela disse isso tocando suavemente minha testa, e meu manto se materializou sobre mim.

– Muito bem, a partir de hoje, você estará conectado e protegido, em definitivo, sob a égide da Lei do Amor Universal.

Ela tocou meu manto e ele recebeu em sua borda um filete cor-de-rosa, por toda a sua extensão.

– Essa energia da Criação estará sempre com você e será muito útil na lide com as trevas em situação futura.

Eu acabei abraçando-a, em prantos também, agradecido por tudo e pela evolução me permitir conhecer pessoas incríveis a todo instante.

– Ricardo, quero que depois você saia do vértice, visite os outros mestres, para que possam colocar em sua assinatura espiritual conexões com seus planos de Criação. Você precisará deles para a tarefa destinada futuramente.

– Eu irei, Mestra Nadjari – disse, enxugando as lágrimas e me recompondo.

– Muito bem, então vamos todos para a sala de iniciação.

Capítulo 14

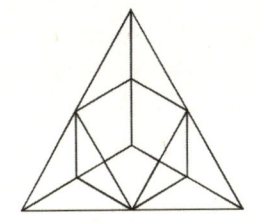

A Iniciação de Márcia

Entramos, eu, Márcia, Agnes e a Mestra, em uma linda sala com um imenso coração desenhado no chão.

– O coração é o símbolo mais perfeito para expressar a qualidade do Amor e Perdão Divinos. É o órgão responsável em demonstrar as emoções que pululam pelo corpo, enquanto na Terra, e também responsável em levar o fluido vital para os demais órgãos do corpo humano.

Enquanto ela me explicava, entraram na sala sete mulheres, e todas foram se colocando sobre a linha do coração desenhada naquele chão.

Por último Agnes e a própria Mestra também entraram no formato, e Nadjari solicitou que Márcia entrasse dentro do coração.

Assim que ela entrou, seu manto, todo prateado, surgiu.

– Irmãs, a partir de hoje, teremos mais uma trabalhadora para a expressão do Amor Universal diante da vida e da evolução. Pedimos à grande presença da Criação, que expressa o Amor, que permita que esse coração se ligue a todas nós, aumentando assim essa egrégora de luz e de auxílio aos irmãos e irmãs que ainda se encontram perdidos em seus caminhos.

Enquanto ela falava, um imenso coração rosa-avermelhado surgiu sobre Márcia, e elas começaram a entoar algo parecido com um mantra ou uma ladainha, algo difícil de entender, mas que faziam em perfeito sincronismo. E todas foram dando-se as mãos, fechando uma corrente de energia sobre Márcia.

Nesse instante surgiu em volta de cada uma das mulheres ali presentes o manto azul igual ao da Mestra Nadjari, envolvendo o corpo de cada uma delas. Um azul-claro e bem transparente, quase translúcido.

Em volta daquele imenso coração plasmado sobre Márcia, mais perto da parede, começaram a surgir rostos, na figura de grandes avatares que passaram ou são cultuados na Terra, um dos poucos que conheci foi a figura de Jesus, de Buda, alguns rostos indianos femininos e vários outros que desconhecia. Vi também a presença de rostos dos mestres dos vértices. Sei que são eles pois reconheci o Senhor da Evolução, do Primeiro Vértice, e os demais eu havia visto imagens na biblioteca, todos estavam como se estivessem assistindo e abençoando o que estava acontecendo.

Nesse instante, a energia entra em uma vibração maior, e de dentro do imenso coração plasmado acima de Márcia surge a imagem da Virgem Maria, que, estendendo suas mãos em direção a ela, começa a descer uma energia azul e dourada, iluminando praticamente todo o ambiente com essas duas cores.

Assim que esse fluido toca o manto e o corpo de Márcia, seu manto, até então prateado, começa a se tornar igual aos demais mantos das mulheres ali presentes, mantendo somente um fio de prata à sua volta e nas mangas. Assim que seu manto se transformou, aquele fluido foi diminuindo, assim como a imagem foi desvanecendo-se dentro daquele imenso coração.

Márcia estava visivelmente em estado alterado de consciência. Não percebia nada, mas assim que a imagem de Nossa Senhora sumiu completamente, ela recobrou os sentidos e entrou em choro convulsivo pelo momento de intenso júbilo.

Nadjari começa a falar.

– Minha irmã Márcia, neste instante você se torna uma Irmã do Discípulos de Maria; que sua luz possa levar alento àqueles que sofrem desesperançados em abraço com as trevas pessoais. Que você seja o farol daquele que esteja perdido na escuridão e que seu amor quebre barreiras e dissolva todo tipo de energia originada pelas mentes enfermiças de nossos irmãos que ainda entendem somente a escuridão como caminho.

– E como lhe disse, irmã, ao surgimento de uma irmã, nasce uma estrela no plano material.

Dizendo isso, Mestra Nadjari ergueu os dois braços e, acima de nós, o teto começou a mostrar uma parte do Universo e vimos uma estrela surgir no meio daquela escuridão, em uma imensa explosão.

Eu estava sem palavras por tudo que estava vivenciando ali, diante daquelas mulheres e avatares presentes!

– Assim, Márcia, como essa estrela irá levar luz e vida para aquela parte do Universo, que você seja a estrela daqueles que clamarem pela luz!

Dito isso, as imagens do teto sumiram, e aos poucos os rostos um a um foram desaparecendo, assim que a Mestra agradecia por sua presença.

Aos poucos o ambiente foi retomando sua normalidade energética, e as mulheres, já sem seus mantos, foram uma a uma abraçar Márcia, que agora fazia parte daquele belo lugar. E também, ao cumprimentarem a todos, foram se retirando, sobrando somente Agnes, eu, a Mestra e Márcia.

Assim que terminou, Márcia veio em minha direção.

– Não fale nada, minha querida irmã, venha me dar um abraço!

E assim ficamos abraçados e agradecidos, em plena comunhão de almas e consciência por fazermos parte de algo maior.

Nisso Mestra Nadjari se aproxima.

– Irmã Márcia, depois vá ter com a irmã Agnes, que ela irá lhe explicar como funciona o Discípulos de Maria.

– Obrigada, Mestra, não tenho como descrever o que sinto. Irei sim, estou muito ansiosa para começar meu trabalho.

– Eu sei, minha querida, você é uma grande trabalhadora na expressão do Amor e só recebeu o que já estava destinado a você. Aliás, vá até a entrada do vértice que há alguém lhe esperando.

– E Ricardo, não esqueça, vá conversar com os outros Mestres para que se estabeleça em definitivo sua conexão com as energias da Criação de cada vértice, pois será necessário em sua jornada espiritual.

– Irei sim, Mestra. Obrigado por permitir e me dar esse presente, ao presenciar esse lindo ritual.

– Você veio porque seu testemunho será útil em outra tarefa pessoal que terá. Mas por hora, visite os demais Mestres. Vou avisá-los que estará com eles logo mais.

E assim ela se retira da sala, em direção ao seu salão, onde aquelas duas senhoras a aguardavam.

Enquanto nos dirigíamos à saída do vértice, eu e Márcia fomos conversando sobre o acontecido.

– Márcia, você ficou linda sob aquele manto azul!

– Obrigada, Ricardo! Quando elas começaram a entoar o mantra, minha consciência foi para outra dimensão. Eu estive em contato direto com a energia da Criação que emana Amor para todos os planos de existência. A energia é tão forte que, se não fosse puxada de volta, não sairia mais de lá, você se desfaz dentro daquele plano, é maravilhosa a sensação! – disse com o olhar muito longe, como a relembrar dos momentos passados.

– Eu sei como é. Lembra que passei por algo semelhante na biblioteca? É realmente uma experiência singular e muito marcante.

E assim, passamos por dentro do Discípulos de Maria, onde todas vieram ao encontro da Márcia para felicitarem sua chegada.

Após algum tempo, conseguimos sair, e na entrada estava Amon, esperando por Márcia com um longo sorriso e de braços abertos.

Márcia, ao vê-lo, saiu correndo, como adolescente, em direção aos braços protetores de sua alma gêmea.

– Minha amada, como estou feliz! Jamais imaginei que você seria chamada tão cedo, mas você merece isso e muito mais! Eu a amo por toda a eternidade e estarei com você para sempre!

– Também o amo, meu amor! Sempre estarei com você, nada mais poderá nos separar, somos e seremos sempre um do outro para sempre.

E assim, ambos se enlaçam em um lindo beijo.

Fui me aproximando, lentamente, para não atrapalhar o momento dos dois. Ao perceber que me aproximava, Amon olha para mim, com expressão de espanto.

–E você, hein? Levando minha amada para ser iniciada? Nós Guardiões não conseguimos entrar aí, e você tem livre acesso? Hum, você está escondendo o ouro de nós!

– Pois é, Amon! Foi uma surpresa para mim também! Agora nossa guia aí é uma senhora do Amor nível Júnior.

Todos rimos e fomos até a residência de Amon, em uma suave conversação, entre espíritos ligados pelos laços do amor e da amizade.

Capítulo 15

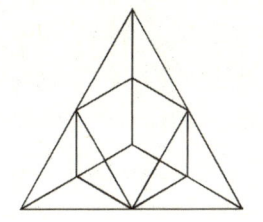

Recebendo Bênçãos

Dentro do Sétimo Vértice, na casa de Amon, estávamos conversando sobre os acontecimentos, quando à entrada surge Alberto.

– Ora, ora, olá, meus mais novos mestres preferidos. Fiquei sabendo dos acontecimentos. Aliás, parabéns, Márcia! Acredito que até que demorou para você integrar o Discípulos de Maria; afinal, você trabalha muito nessa cidade, merecimento total seu.

– Obrigada, Alberto. Eu realmente fiquei surpresa, mas estou imensamente feliz e parece um sonho, e sinceramente, não quero acordar não.

– Mas não é um sonho não – disse Alberto rindo. – É puro mérito e realidade somente sua, é seu momento! Mas que nos dá um imenso prazer e orgulho de tê-la como uma irmã e amiga.

– E o senhor, hein, sr. Ricardo! Que privilégio! Poucos realmente recebem autorização ou mesmo conseguem entrar naquele espaço divino.

– Já me falaram isso, Alberto, eu percebi, pois se não tivesse o mínimo de equilíbrio, estaria neste instante sendo tratado pelo Glauber, ou mesmo, ainda estaria no meio daquelas rosas feito abelha!

– Concordo – disse Amon com expressão de espanto. – Nem eu, Guardião do Sétimo Vértice, consigo entrar lá, sem ter minhas estruturas abaladas de alguma forma. Acho que você nos esconde muitas surpresas ainda, estou curioso para ver o desenrolar de sua história.

– Falando nisso – completou Alberto. – A sra. Nadjari lhe disse para ir tomar as bênçãos de proteção dos demais Mestres dos Vértices, correto? Acredito que eles já estejam o esperando.

– Sem problemas, vou indo então.

"Mas como ele sabia o que havia acontecido lá?"

– Eu vou acompanhá-lo, Ricardo, até o Terceiro Vértice, o da Vida.

– Você irá comigo? – perguntei com estranheza.

– Lógico! Por que a cara de espanto? Será um prazer, para mim, lhe fazer companhia.

– Você esqueceu, Ricardo? O Alberto é um dos trabalhadores que possuem acesso aos sete vértices integralmente – lembrou Márcia.

– Verdade, tinha me esquecido disso.

Isso explicou por que ele sabia do ocorrido no vértice do Amor.

– Exatamente, Ricardo. Assim como os Mestres-Guardiões, aqueles "guarda-roupas" que você conheceu na entrada do Vértice Central, possuem a função de saber sobre todos os tipos de energia que envolvem os espíritos dessa cidade, eu tenho a função de saber das novidades que acontecem nos vértices.

– Mas vamos logo! Sem mais delongas, que a Mestra Orun'Zany está o aguardando.

E assim nos despedimos de Márcia e Amon e fui junto com Alberto até o Terceiro Vértice, o da Vida.

– Alberto, o que faz alguém se tornar Mestre de um vértice?

– Bom, Ricardo, ser Mestre não significa que você foi iniciado em alguma lei da criação; ao contrário, exige que você tenha pleno domínio sobre aquela Lei Maior que esteja atuando e possa usá-la de forma harmoniosa com as demais Leis, ou seja, o equilíbrio se faz sempre presente nos atos praticados. Os Mestres dos vértices já saíram dos ciclos de encarnação, mas por amor a todos nós, se mantiveram em nosso plano para trazer aperfeiçoamento diante de nossos processos individuais. E nos mostrando por meio de suas atuações e ensinamentos, formas de atingirmos graus mais elevados dentro da evolução humana.

– Mas os que trabalham nos vértices secundários também são Mestres, não são?

– A grande maioria, mas para você entender, são mestres de si e não da Lei Maior. São espíritos já com uma alta bagagem espiritual e despertar cósmico significativo, pode-se dizer que são Mestres menores ou espirituais. Veja você, como exemplo. Foi iniciado no Círculo de

Evolução, ligado à própria evolução, mas não possui domínio sobre a sua própria. O que o torna um iniciante do vértice, ou protegido. Assim que estiver em harmonia e tiver dominado suas emoções e resolvido suas arestas evolutivas, que ficaram no passado, aí sim, você se tornará um Mestre menor.

– Pelo jeito isso vai demorar séculos! – pensei desanimado com a explicação de Alberto.

Lendo meus pensamentos, ele soltou leve sorriso.

– Calma, não crie ansiedade nem desânimo; lembre-se, tudo está certo como está, e você no tempo certo irá resolver tudo aquilo que o aflige, pois assim é o caminho para todos nós.

Concordei com a cabeça, mas ainda assim pensativo, muitas águas ainda iriam rolar.

– Veja, Ricardo, chegamos ao Polo da Vida! O vértice secundário, ou de apoio, do Terceiro Vértice da cidade.

Reparei que tanto o Polo da Vida como a construção principal eram simples, toda branca, e o Polo da Vida lembrava aquelas mansões do plano terrestre, mas nada em especial.

Alberto, percebendo meu desapontamento, me disse:

– Ora! Mas por que se desapontou? São construções lindas também, e não esqueça, a vida deve ser simples, e às vezes ela nos desponta se esperarmos demais.

Terminou essa frase de efeito, olhando para mim como a me cobrar a consciência.

– Verdade, me desculpe, nem tudo precisa ser miraculoso, é que essa cidade me impressiona a todo instante, a cada esquina que viramos – disse, meio sem graça com a cobrança espontânea.

Entramos no Polo, e lá dentro havia centenas de espíritos trabalhando, entrando e saindo por portais. Salas onde equipes conversavam e muitos, mas muitos elementais parecendo nuvens.

– Aqui acontecem todos os processos de criação, que estejam ligados de alguma forma com essa cidade. Essa criação de vida ocorre em todos os sentidos possíveis, seja orgânica, espiritual, energética, somática e também o inverso. O início do processo de desconstrução da vida existente já fixado nas faixas vibratórias.

Como meu rosto deveria ser o próprio sinal de interrogação, Alberto continuou.

– Neste Polo, há espíritos com a capacidade de manipular o éter, nos níveis mais primários da criação, criando assim processos para a instalação ou o início da finalização dos processos vitais. São seres alinhados com os Senhores da Evolução e trabalham sob as ordens do próprio Mestre Jesus. Quando algo está para ser criado em um plano, começa-se a gerar a atmosfera favorável para a aglutinação somática dos processos vitais, entrando na esfera da realidade, seja em qual plano for, terreno ou espiritual. Ao ser trabalhada uma encarnação, eles atuam no físico da mãe, favorecendo e alterando magneticamente o ambiente celular para que as mesmas possam começar os processos de criação da vida, no caso, para o novo ser que está vindo.

– Outro exemplo: a criação de uma empresa no plano terreno precisa de energia condensada de vida para que possa se tornar realidade naquele plano, sendo assim, aquela energia que originou aquela empresa será sustentada por quem por ela se utilizar, seja trabalhando ou mantendo; é uma energia sem inteligência de vida, mas responsiva e afetada por aqueles que a ela pertencerem.

– Mais um exemplo: quando ocorrem mudanças significativas na vida de alguém, seja no plano financeiro, amoroso, intelectual, etc., é a energia da vida que estará atuando, para que o processo ocorra e se torne realidade para aquele ser. Por isso sempre ouvi pessoas falarem que "É a vida rolando os dados", e elas estão corretas.

– Entendi, Alberto, mas isso é complexo demais!

– Ele deixa de ser complexo quando você compreende sua mecânica. Mas vamos, não tardemos aqui.

Fomos em direção ao palacete, todo em cristal branco leitoso.

Ao chegarmos à porta, Alberto me disse:

– Espere! Toque na porta de entrada, Ricardo.

Toquei aquela porta transparente e ela era maleável, alterando seu formato conforme eu a tocava, retornando à posição inicial logo que eu tirava a mão.

– Isso é energia de vida. Ela é sensível ao toque neste vértice. Os Mestres daqui conseguem alterar sua composição atômica dessa energia divina, transformando-a em algo tocável, se assim eles desejarem. Bom, vamos, lá no fundo fica a sala da Mestra.

E conforme nos dirigíamos para a sala, seres elementais passavam por mim, como a brincar, fazendo pequenos gracejos, tomando o formato de meu rosto.

– Eles são muito brincalhões! São chamados de Káris, seres que pululam o plano da vida na criação, e são essenciais para os trabalhadores desse vértice. Fora do plano deles de existência, eles são visíveis somente aqui e nas cidades que possuem a habilidade de manipular a vida.

Chegamos à sala, e a Mestra era uma senhora negra, com lindos cabelos jogados nas costas, com um olhar que exprimia toda a sua evolução, em um tom esverdeado e altamente penetrante.

– Olá, Ricardo, seja bem-vindo ao Vértice da Vida. Alberto, meu doce, é sempre um prazer recebê-lo.

– Eu que agradeço, Mestra.

Mal acabei de responder à Mestra, e Alberto foi em sua direção, dando-lhe um afetuoso abraço.

– Olá, minha querida Mestra e Irmã! É um prazer revê-la. Aproveitei que Ricardo vinha e decidi lhe fazer uma visita; afinal, a cidade exige minha presença nas mais diversas tarefas e mal pude vê-la por esses tempos.

Eu fiquei sem entender o excesso de intimidade, mas provavelmente deveriam se conhecer de longa data – pensei.

Nisso a Mestra se vira para mim.

– Após a Mestra Nadjari falar com todos nós, eu tomei a liberdade de solicitar a presença dos demais Mestres neste vértice. Assim todos damos as bênçãos e proteções para o seu caminhar evolutivo.

Assim que ela terminou de falar, fechou os olhos, chamando mentalmente os Mestres do quarto, quinto, sexto e sétimo vértices.

Nisso, abriram-se portais e eles começaram a chegar.

Um a um foram se apresentando para mim, comforme chegavam.

– Muito prazer, sou Kasslia!

Uma figura intrigante, vestindo um longo manto amarelo-alaranjado, com vários símbolos desenhados por todo o manto, uma pessoa esguia e alta, bem alta mesmo, fora dos padrões humanos, cabelos compridos em trança, jogados nas costas.

– Olá, sou Luno.

Um senhor de barba branca, comprida, vestindo uma túnica verde-prateada, com um olhar que irradiava sua inteligência, mostrando claramente seu campo de dominação e atuação, ele me passava a sensação de alguém muito culto e firme.

De repente, chega perto de mim alguém com trajes medievais, com uma capa azul e prata, portando uma espada. Ele me cumprimentou apertando fortemente minha mão e olhando fixamente para mim, como se estivesse tentando entender o porquê daquilo tudo estar acontecendo.

– Olá, garoto! Sou Chevallier, cuido da proteção e defesa de todos desta cidade, que estejam dentro dela ou ligados a ela, sou Mestre do Sexto Vértice.

– É um prazer conhecê-lo, Mestre Chevallier – confesso que foi estranho.

E nisso veio até mim um ser, aparentando meia-idade, e logo o reconheci pelo manto, que era parecido com o que usei para entrar no Sétimo Vértice.

Muito sorridente e expansivo, ele foi se achegando.

– Grande Ricardo! Olá! Estamos todos felizes por essa oportunidade, e tenho certeza de que essas bênçãos serão muito úteis a você em sua longa jornada. E agradecemos por nos permitir fazer parte desse momento de sua vida, aliás, me desculpe, sou Maartra, Mestre do sétimo vértice.

Esse expansivo Mestre foi chegando e me puxando para um abraço, e confesso que a energia espiritual dele devia estar bem contida, pois no abraço eu pude sentir um pouco da vibração que ele carrega, e não é algo de se esquecer.

– Eu que agradeço ao Senhor, aliás a todos os presentes aqui na sala; não tenho palavras para descrever o quão importante este momento é para mim.

Disse aquilo emocionado; afinal, cinco dos sete Mestres da cidade estavam ali para mim.

Nisso Orun'Zany chamou a atenção de todos.

– Vamos dar as bênçãos ao nosso irmão, para que fique em harmonia e conectado às divinas Leis da Criação e aos sete vértices desta cidade, em definitivo.

Mestre Luno se aproxima de mim.

– Ricardo, somente relaxe, você será tocado por energias da Criação e provavelmente será realinhado magneticamente, o que poderá levá-lo a um estado de consciência diferente do humano.

Assim, todos os cinco Mestres viraram suas palmas em minha direção e meu corpo começou a vibrar tão forte que minha consciência saiu novamente de meu corpo espiritual e rapidamente estava de encontro com aquela energia da Criação que havia encontrado na Biblioteca.

– Olá, meu filho, novamente estamos reunidos, e como havia lhe dito, seu despertar começará agora. Receba minha bênção, a bênção da Floresta, ela o guiará para o que está a acontecer em sua jornada.

Eu estava em total estado nirvânico, sem contar todo aquele magnetismo que estava sentindo vibrar fundo dentro e fora de mim.

Fiquei nesse estado, o equivalente a alguns minutos, mas tive uma expansão de consciência total, naquele instante me senti pleno e pertencente ao Todo, com se pudesse criar, modificar ou desfazer o que eu quisesse, um estado de conexão total com o Criador. Tudo ao meu redor vibrava e emitia um som grave e profundo, inclusive dentro de mim. Nisso tudo vai diminuindo de intensidade e à minha frente apareceu uma forma, não humana, diria mais humanoide, mas só via seu contorno.

– Tomei esse forma para que me compreendesse dentro de sua capacidade cognitiva, agora vá, pois há muito o que fazer ainda, e seu trabalho será árduo, mas não menos prazeiroso. A partir de hoje sua vontade será a expressão de minha vontade, seremos um e estarei sempre com você.

Nisso sou puxado novamente para o meu corpo espiritual e, ao retomar a consciência, todos os Mestres estão sorrindo para mim.

Percebo símbolos em meu corpo espiritual e meu manto estava todo aberto sobre mim, com os filetes de cada cor dos vértices que faltavam.

Orun'Zany me esclarece.

– Você agora está alinhado magneticamente com cada um dos vértices, e juntamente seu corpo consciencial foi tocado pela Criação. O processo de ligação espiritual está concluído! Que Deus acompanhe sua caminhada, meu querido.

E assim, os Mestres vieram, um a um, me cumprimentar e foram entrando em seus portais, voltando ao Vértice que comandam.

Alberto veio e me abraçou.

– Muito bem, meu irmão! Parabéns e conte comigo para o que precisar.

– Obrigado, Alberto, mas o que são esses símbolos sobre meu corpo? Parecem tatuagem.

– São marcas vibracionais, e cada uma delas pode ser ativada para que se abra a conexão com a energia que ela representa. Ela poderá ser acessada por você, através do pensamento, ou mesmo em situações de perigo. Algumas delas são dos vértices, veja essa aqui...

E ele foi apontando e me ensinando sobre as marcas e como ativá-las.

– Essas outras pertencem à sua origem, é a marca daquele que o acompanha desde o primeiro instante que você entrou na esfera humana das encarnações, é sua energia vital Ancestral, ela é responsável por sua evolução até o momento de deixar a esfera humana. Mas fique tranquilo, que elas ficam invisíveis, dormentes, por assim dizer, até você ativá-las por pensamento ou por necessidade.

– Então, para usá-las, basta usar a vontade?

Quem me respondeu foi a Mestra Orun'Zany.

– Exatamente, elas estão conectadas, algumas com as energias dos vértices e outras com a energia de sua origem no plano humano, cada uma possui uma função específica, e são carregadas de energia. Ao se abrirem, você se conectará à energia que ela pertença, dando-lhe o suporte magnético que deseje. Por exemplo, essa marca é pertencente a este Vértice, ele pode ser usado sempre que precisar curar alguém, restaurar a energia de alguém, ou mesmo Criar ou Destruir algo existente, devolvendo ao seu estado inicial da Criação. Mas lembre-se: saiba usar bem, pois para tudo a evolução e a vida cobram, se você fizer algo que entre em desarmonia com o Cosmos Consciencial. Mas você saberá usá-los bem, confie em sua intuição, quando necessário, acredito nisso, pois senão nada disso teria acontecido.

Agradeci às explicações e Alberto e eu saímos do vértice, de volta à casa de Amon, para contar as novidades.

– Alberto, você e a Mestra já se conheciam antes?

– Sim, há milênios, tivemos uma encarnação juntos.

– Agora fiquei curioso, me conte.

– Ora, Ricardo, histórias do passado a ele pertencem! Deixemos os fatos perdidos no tempo.

Enquanto Alberto me respondia, sua mente foi ao passado, como a lembrar momentos vividos já há muito tempo.

Pensei: "Alberto adora frases de efeito!", e o abracei enquanto caminhávamos.

– Eu sei, meu irmão, é que você me conhece, sou curioso e adoro ouvir histórias de experiências passadas.

– Eu sei, quem sabe um dia conto minha história para você, mas não hoje! Vamos, pois Márcia e Amon nos esperam.

Capítulo 16

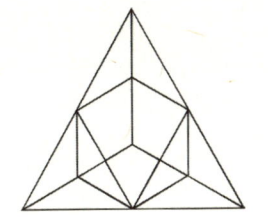

Resolvendo o Passado

Já haviam se passado alguns dias e resolvi voltar ao prédio, para ver se poderia encontrar com Sara.

No caminho, encontro Márcia com Loman.

— Ora vejam só, meu amigo me traindo! — brinquei abraçando-os — cordialmente. — Eu falei que iria mostrar a cidade e agora vejo que ela o orienta.

— Me desculpe, meu amigo, mas nesse caso prefiro a companhia dela.

— Ei, vocês dois, estou aqui, hein! — disse Márcia sorrindo para nós.

— Aproveite, Loman, ela é uma grande guia e uma grande irmã também, não estaria em melhor companhia, aliás até eu, se estivesse no seu lugar e fosse me encontrar, trocaria de guia. Aliás, Márcia tem sido meu anjo da guarda nesta cidade, e por isso sou muito grato; sem ela meu caminho não teria tomado o rumo atual e eu estaria preso aos meus tormentos pessoais ainda.

— Não precisa agradecer, somos filhos do mesmo Criador, todos nós e somente nossa união e compaixão é que nos auxiliam diante das dificuldades da vida. Ao contrário do que dizem, somos seres que necessitam da companhia um do outro, sozinhos teríamos grandes dificuldades para atingir nossas metas evolutivas.

Todos sorrimos e percebi que Loman já estava mais leve e curado, que espírito com tremenda força vital.

— Você está indo até a regeneração? — perguntou Márcia.

– Sim, vou ver como está o quadro lá; já que fiquei um tempo inconsciente, fui estudar de forma indireta, mas não imaginei que iria apagar tantos dias.

– Boa sorte, então; se precisar me chame, agora com licença que tenho de levar meu mais novo pupilo para conhecer a cidade.

E assim nos despedimos e fui rumo ao prédio. Chegando lá, fui ter com Glauber.

– Olá, como andam as coisas por aqui?

– Oi, Ricardo, tentei chamá-lo mas vi que estava em aprendizagem indireta, por isso adiei. Ambos já possuem autorização para vê-lo, estão conscientes e plenos de suas capacidades cognitivas.

Minha felicidade foi imensa, finalmente terminaria aquele ciclo vicioso em que estávamos envolvidos.

– Ótimo, eles estão com você?

– Não, somente a Sara está. Fábio ainda mostra rebeldia e traços de ódio, necessitando ficar mais um período na ala de restauração espiritual. Mas também já pode revê-lo. O dr. Luiz autorizou, com supervisão.

Inicialmente fui encontrar Sara, estava deitada, muito melhor de quando foi retirada daquele vale; sua energia vital estava restaurada e ela estava conversando com o paciente ao lado alegremente. Ver seu sorriso fez meu coração alegrar-se.

– Nossa, Glauber, a medicina espiritual é mesmo fantástica, o estado em que ela se encontra é fabuloso.

– Sim, ela é repleta de opções e, diferente da medicina terrestre, que enxerga as doenças como manifestação do físico, a espiritual enxerga os processos iniciais da enfermidade dentro do espírito e, através de processos magnéticos curativos, traz o equilíbrio à área afetada, fazendo que, com a reverberação da saúde, em um plano mais sutil seja direcionado ao corpo mais denso.

– Pois é, se na Terra esses processos curativos já fossem conhecidos, tudo seria diferente.

– Sim e não, atualmente há algum conhecimento, mas muito parco diante das possibilidades espirituais, e mesmo porque a vibração atual do plano terrestre não permite a aplicação da medicina espiritual em sua total escala. Atualmente o materialismo, a compulsão psicológica movida por emoções negativas, está fazendo com que eles entrem em processos psicossomáticos com grande poder de atuação nas escolhas do dia a dia terrestre, exigindo um retorno para dentro de si, uma visão mais holística do ser e menos imediatista. Logo mais haverá um surto, no século XXI, e a humanidade enfrentará um grande período de ajustes espirituais, através do sofrimento psicológico, logicamente influenciado pelos psiquiatras e psicólogos das trevas, que atuarão na grande massa, tentando-os levar ao suicídio e assim atrasar suas evoluções. Será um grande embate de forças.

– Como você sabe disso tudo?

– Houve uma reunião com todos do vértice, juntamente com o sr. Luno, ele recebeu as informações e estava nos repassando, dizendo que seriam criadas novas alas em um novo prédio, justamente para abrigar essas pessoas, pois será grande o número de atingidos. Pelo que ele falou, há uma boa quantidade de espíritos presos a processos internos com relação a dar pouca importância para a vida e outros em desequilíbrio com o sentido da fé, de acreditar e esperar, espíritos ansiosos e controladores.

– Mais um período complicado na Terra.

– Sim, mas necessário, pois será a oportunidade de eles quebrarem as barreiras psicológicas que se impuseram diante da vida. Bom, vamos parar por aqui nossa conversa, Sara o espera e tenho tarefa a fazer.

Glauber era um espírito jovial, sempre atento e alegre, não parava um instante e sempre solícito a todos que o chamavam, um exemplo de cuidador espiritual.

Fui me aproximando do leito onde estava Sara; quando ela me viu, parou de sorrir e abaixou o rosto.

– Olá, minha querida, que bom que está bem – disse levantando seu rosto, segurando-a pelo queixo. – Não abaixe seu olhar.

– Tudo bem, Ricardo, estamos aqui, acredito que se você está comigo aqui agora, não é por acaso.

– Com certeza não é, Sara. Tivemos muitas vidas e escolhemos caminhos errados, tecendo escuras teias do destino que nos levaram ao sofrimento. Mas é passado, não estou aqui como juiz nem executor, estou como amigo, irmão e, acima de tudo, como alguém que lhe pede perdão.

– Não há o que ser perdoado; após o período de sofrimento, percebi que também errei e muito, por isso não tenho vergonha nem mais raiva ou ódio, tenho vontade de reparar tudo e seguir meu caminho, seja ele qual for. Por algum motivo nossos caminhos se entrelaçaram, agora temos a necessidade de desemaranhar esses fios.

– Sim, e iremos, Sara; deixarei você descansar, virei fazer breves visitas e, quando estiver curada, iremos conversar melhor.

– Obrigada, Ricardo, assim que possível, iremos acertar nossos caminhos – disse encostando sua cabeça no travesseiro. Eu me despedi e a deixei descansar, com seu olhar a me acompanhar até a saída.

Ali estava uma mulher marcada pela vida, mas de personalidade forte, não quis chorar na minha frente, desabando logo que saí, sendo amparada por Glauber.

– Calma, minha querida, seja qual for a história de vocês dois, Ricardo hoje é outra pessoa, todos gostam muito dele e é muito prestativo e amoroso.

– Eu percebi, Glauber, algo nele estava diferente, não era mais aquela pessoa perdida, até infantilizada perante a vida.

– Esta cidade faz milagres, Sara, e você também será abençoada, agora relaxe.

Fui até a ala de restauração e vi Fábio com dois espíritos lhe administrando passes magnéticos; eles, ao me verem, fizeram sinal de espera.

Quando terminaram, um deles veio até mim.

– Não sei se esse irmão conseguirá manter-se vibracionalmente nesta cidade, está muito cristalizado em você e no ódio que sente. Os esforços são constantes, mas ele simplesmente se nega a receber qualquer ajuda.

– Posso tentar conversar com ele?

– Não sei se seria o melhor, mas, se você tem autorização, ficaremos aqui a vigiar.

Eu me aproximei do seu leito. Quando ele me viu, arregalou seus olhos.

– Assassino! Como ousa! Você está livre e feliz! Você merecia estar no inferno!

– Calma, Fábio, todos erramos, meu irmão.

— Irmão?! Hahaha, não me xingue, seu maldito, e tire meu nome da sua boca, você não merece pronunciá-lo. Eu o odeio! E quando sair daqui, irei acabar com você! Você não merece viver, maldito! Quero te ver sofrer, aí sim estarei feliz!

E começou a gargalhar como um louco.

Nisso uma forte vibração começou a envolvê-lo, e uma atmosfera negra pôde ser vista em seu campo vibratório. Os socorristas correram para isolá-lo, mas tarde demais.

Na frente de Fábio, aparece Jun, um dos Mestres-Guardiões da cidade, que ficam na entrada do Vértice Central; ele o envolve em um campo azul, contendo aquela massa vibracional negativa.

— O que você fez comigo? Me solte, não consigo me mexer.

— Calma, Fábio, seu intenso desequilíbrio no ódio o está transportando para zonas inferiores, você precisa dormir e voltar ao tratamento.

— Não quero! Me solte! Não quero seu tratamento! Nem ficar nesta cidade! Ainda mais com esse aí – olhou friamente para mim. – Me recuso a ficar no mesmo lugar que esse maldito!

— Muito bem, a escolha é sua.

Jun libera o campo de contenção e assim Fábio, não conseguindo se manter na vibração da cidade, acabou se transportando para as zonas umbralinas novamente. Quando percebi, fiquei triste, pois achava que o período de sofrimento poderia ter quebrado um pouco esse ódio que ele carregava.

Os socorristas me olharam, com ares de pena.

— Infelizmente ele precisa de mais um período nas zonas inferiores, nada poderia contê-lo aqui por muito tempo. A vontade do espírito deve sempre prevalecer, mesmo que leve ao sofrimento – explicou-me Jun.

Agradeci a todos e me retirei do prédio de regeneração, preocupado com a situação desse amigo de jornada.

O que a vida nos preparava? Sabia que no futuro teríamos de nos encontrar novamente. Pedi a Deus para que tudo corresse da melhor forma possível.

Mal sabia eu que Fábio se tornaria o pior de meus inimigos no futuro.

Capítulo 17

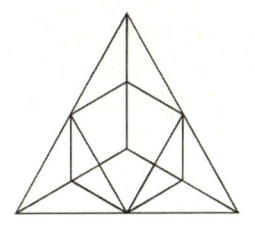

Sara

Já haviam se passado alguns dias, desde que Fábio fora para as zonas umbralinas. Eu todo dia ia visitar Sara, que melhorava a passos largos, e a cada visita sua repulsa foi diminuindo. Um dia ela me questionou:

– O que aconteceu com Fábio? Ninguém mais me falou sobre ele.

– Ele se transportou para as zonas inferiores novamente, seu ódio por mim ainda estava muito cristalizado, não permitindo ter outra reação senão o do desequilíbrio emocional, que acabou levando-o para alguma zona específica no astral inferior.

Nisso Sara suspira e seu olhar se perde à frente, como a lembrar de algo.

– Sim, ele sempre foi muito individualista e até meio mimado, sua mágoa irá demorar para se desfazer, ele nunca entendeu nem aceitou nada de espiritualidade; aliás, as poucas vezes que conversamos sobre isso, na Terra, ele me xingava e mandava parar de falar "dessas coisas".

– Bom, vamos esperar e ver o que a vida nos reserva – disse para Sara com cara de preocupado.

Nisso entra Glauber, que sorrindo diz:

– Olá, meus queridos! Sara, boa notícia, acabou o descanso, você está autorizada a sair da ala para a cidade.

- Sério, Glauber? Já posso sair?

- Sim, minha querida, agora alguém terá de lhe apresentar a cidade – direcionando um olhar malicioso para mim.

- E... Eu? Mas e a Márcia? – perguntei entre espantado e sem graça.

– A Márcia me disse que você quase se transportou para as zonas umbralinas quando a viu com o Loman, então, para não correr o risco, ela pediu para você fazer as honras – disse sorrindo gostosamente como a lembrar da ocasião.

Nisso olhei para Sara e ela estava olhando assustada para nós dois. Pensei, vou tranquilizá-la.

– Fique tranquila, estamos somente brincando, terei o maior prazer de lhe apresentar esta cidade maravilhosa e, acredite, você mal irá acreditar no que seus olhos irão ver.

Ela acenou positivamente e Glauber complementou:

– O destino os ligou, Sara, e vocês precisam harmonizar esses laços criados, para que possam caminhar livremente, se assim for a escolha de ambos. Venha, vou ajudá-la – estendeu o braço para Sara levantar-se. – Olhe esta roupa, eu mesmo a fiz para você, espero que goste, pode se trocar ali naquele quartinho.

Ele lhe deu um lindo vestido azul e rosa, estilo grego, que fechava no ombro com uma linda rosa cristalina. E quando ela saiu do quarto, estava deslumbrante, de uma beleza ímpar, nisso fiz as honras e lhe ofereci o braço.

– Sara, permita-me levá-la até a entrada do prédio.

Ela, meio sem graça, agarrou meu braço e fomos caminhando com Glauber logo atrás.

Na entrada, o dr. Luiz a parabenizou e disse que o prédio de cura e regeneração estava a seu dispor, para quando precisasse.

Ela agradeceu e caminhamos até o bosque das almas.

– Nossa, Ricardo, que lugar lindo!

– Sim, este é o bosque das almas, todos que saem do prédio passam por ele necessariamente – falei como Márcia me explicou no passado.

Conforme fomos andando, avistei aquela árvore em que havia encostado, pensei: "Por que não?".

– Sara, olhe essa imensa sequoia, aqui tudo tem um propósito e também está ligado a algo muito maior. Eu, quando encostei nela, uma parte de minha consciência sofreu um arroubo; abrace-a e encoste sua cabeça, fechando os olhos e se deixando levar.

Ela abraçou, encostou, ficou uns minutos e abriu os olhos.

– Não aconteceu nada.

Eu, meio sem graça não entendi, talvez não fosse o momento para ela.

Continuamos andando, saímos do bosque e no caminho principal encontramos com Alberto.

– Olá, Ricardo! Bom, acredito que você deva ser Sara, estou correto?

– Sim, sou eu, muito prazer.

– O prazer é meu, seja bem-vinda! Eu me chamo Alberto e cuido do Centro de Ajustes Espirituais. Vocês estão indo ao vértice central?

– Sim, estamos, estou apresentando a cidade a ela; aliás, Alberto, preciso tirar uma dúvida, a Sara tocou na árvore, assim como eu procedi, mas ela não teve nenhuma ligação espiritual.

Alberto, esboçando um leve sorriso, me esclareceu.

– É porque a natureza de sua criação não está ligada ali; no momento certo ela terá contato, se assim for necessário – disse disparando um olhar direto para Sara.

– Hum, acho que mais cedo do que imagina. Não é à toa que vocês estão ligados. Estou indo rapidamente até o vértice de Limpeza e Equilíbrio para falar com Maartra, logo estarei de volta. Gostaria de entender tudo isso, Sara?

– Muito, Alberto.

– Ok, continue apresentando a cidade que logo nos encontramos. Agora com licença, meus irmãos.

Nisso Alberto foi em alta velocidade até o Sétimo Vértice. O que será que tinha acontecido?

Continuamos nossa caminhada pela Avenida Central, e Sara, a cada momento, ficava mais deslumbrada com a cidade, pessoas agradáveis, seres multidimensionais, paisagens.

– Ricardo, tudo isso aqui é algo além da minha compreensão. Na Terra, jamais poderia imaginar uma cidade assim. Aliás, somente em contos.

– Pois é, Sara, no começo também fiquei espantado com tudo, mas você se acostuma. Esta cidade tem muito a nos ensinar, abra sua mente e prepare-se para um grande aprendizado. Bom, vamos até o Vértice Central, lá no Salão Inferior, Alberto estará lá.

Chegando ao Vértice Central, lá estavam os dois Mestres Guardiões, enormes, e desta vez foi minha vez de solicitar a entrada.

– Olá, Jun, esta é Sara, acabou de sair do Prédio de Cura e Regeneração e estou apresentando a cidade a ela.

– Sim, já a conhecemos, chegou junto com Fábio, que não aceitou nossa ajuda, escolhendo o astral inferior. Mas que bom que está aqui entre nós, Sara, seja bem-vinda. E, Ricardo, parabéns por fazer parte da família Triângulo Divino.

– Eu que agradeço, Jun, estou aprendendo muito nesta cidade amada.

Entramos e Sara me endereçou o mesmo olhar de quando os vi pela primeira vez com a Márcia.

– Relaxe, são sentinelas vibratórios da cidade, estão atentos a tudo, principalmente entre aos recém-chegados, zelando pelo equilíbrio e harmonia de todos aqui. Mas até hoje não sei por que são tão grandes – disse soltando um sorriso para Sara.

– Verdade, chegam até a ser intimidadores.

– Podem aparentar, mas acredite, são os seres mais amáveis da cidade.

– Como assim, fazer parte da família Triângulo Divino?

– É que recentemente fui iniciado no Primeiro Vértice, e abençoado pelos demais. Tenho um longo aprendizado, mas lhe afirmo que é uma experiência muito particular e prazeirosa.

– Fico feliz por você, percebo que realmente mudou.

– Sim, como eu disse, esta cidade nos proporciona grandes experiências e oportunidades de aprendizado ímpares. Olhe, chegamos ao Centro, vamos encontrar Alberto.

Entramos, mas fomos informados de que Alberto ainda não havia retornado.

Quando nos viramos para sair, eis que avistamos Alberto chegando, seu olhar estava com o mesmo "fogo espiritual" dos seres do Sétimo Vértice.

– Já chegaram? Ótimo! Sara, vamos dar início ao processo de alinhamento da memória e entendimento de seu passado, está confiante?

– Não sei dizer, Alberto, mas ansiosa.

– Como todos ficam, minha cara, não se preocupe; venha, vamos até o andar superior do Centro.

Entramos naquela mesma sala escura, fiz menção de ficar para fora, mas Alberto fez um gesto para acompanhá-los.

– Bom, Sara, iremos dar início ao seu processo de rememorização. Esse fios são para acessar suas informações, gravadas em sua memória dos corpos sutis, e transferi-las para o telão.

De início, entramos naquela época ao qual ela era minha mãe e tinha sido abusada pelo senhor da Terra, a 800 a.C. Mostrou todo o tormento pessoal que ela havia sofrido, a chegada dos filhos, daquele ato insensato, e ela sendo emboscada após o dia de trabalho, sendo arrastada para o mato adentro e tendo sua vida tirada tão facilmente por aquele assassino a mando da esposa do senhorio.

Seu espírito ainda permaneceu no plano terrestre, após o desfecho, indo presenciar a morte de seus filhos menores e minha fuga do local.

Em total desespero ela presenciou a chegada de irmãos que iriam levar seus filhos para as colônias, na época, decidindo ir junto deles. Após um período, ela já estava restaurada e decidiu encarnar perto de mim, que estava com o grupo de bandidos, aterrorizando as terras. Ela volta justamente como filha de Loman, e tinha o objetivo de me fazer desistir da vida que estava traçando equivocamente.

Mas quis o destino que, em minhas escolhas, a matasse sem piedade, diante de seu atual pai, quando decidi matar toda a família dele. E assim, ela começou a ter terror sobre mim; ela viu o lado monstro que eu havia despertado, e em total gesto de repulsa não aceitava mais minha presença.

Ela não aceitou ser minha mãe na encarnação em que vivi somente 30 anos, seu temor diante de mim não permitia qualquer ajuste pessoal. Ela permanece um longo período nas colônias, até que foi convidada a voltar em uma encarnação em que ela aprenderia sobre o amor incondicional, tendo como filhos aqueles dois espíritos que haviam sido tirados dela tão cedo, entre outros. E realmente, naquela encarnação ela teve 11 filhos; foi quando conheceu Fábio, e no meio desses 11, os dois espíritos que apresentavam problemas físicos, fazendo-os ficarem poucos anos após a adolescência no plano terrestre, mas foram amados como nunca antes por aquela senhora gordinha, de semblante materno. Mas Fábio era muito agressivo e forçava-a a ter relações em todos os momentos. Nisso ela acabou contraindo uma doença e desencarnou, mas foi o período no qual a Sara teve seu grande aprendizado no sentido da Criação do Amor Incondicional no papel de mãe, mas adquiriu um desvio no âmbito sexual pelos exageros sofridos em duas passagens terrenas.

Novamente ela estava em uma colônia espiritual, e nos encontramos. Ela, mais consciente, aceitou voltar comigo para ajustarmos nossas vidas. Tendo o papel de esposa, assim voltamos, na encarnação do período da Roma antiga. Mas seu desequilíbrio no sentido sexual a fechou para algo mais íntimo, despertando em mim a infidelidade e o desprezo pela rejeição, ou seja, seu desequilíbrio despertou o meu, e assim nossa inexperiência consciencial nos fez perder mais uma oportunidade.

Por causa do suicídio e tendo despertado novamente total repúdio por mim, ela agora se tornara minha algoz, no plano espiritual, junto aos demais, naquele período, levando-me à queda evolutiva também.

E com o passar de muito tempo, estávamos eu, Sara e Fábio na colônia espiritual, recebendo as instruções. Por algum motivo eu e Fábio antagonizáramos de cara, mas como ele tinha assuntos com Sara, iríamos todos voltar como uma família. Sara aceitou minha presença, somente porque eu seria seu filho. E assim ocorreu a encarnação que descrevi capítulos anteriores, cheia de problemas, e selando meu destino, dessa vez com Fábio.

– Eu pedi para você me acompanhar justamente por isso, Ricardo, para perceber até onde vocês estão realmente ligados. O antagonismo energético pode realmente acontecer, como aconteceu com você e Fábio, e nem sempre vocês podem ter se conhecido no passado, mas esse antagonismo mostra que, ao invés de um passado, existe sim um futuro que será vivenciado pelos envolvidos.

– Entendi, Alberto, e é exatamente o que está ocorrendo agora.

– Sim, e assim como o Amor, o Ódio também realiza ligações evolutivas entre os seres, que no final trará grandes alcances em nível consciencial. Tudo acompanhado de perto pelo grande Mentor dessa dimensão, o Tempo.

Comecei a chorar agradecido por tudo, mesmo os "erros" haviam me dado experiência e uma clareza que agora se fazia presente diante de mim. Mais do que nunca, a mecânica da evolução se fazia realista para todos nós e era algo que me deixou agradecido profundamente.

E assim Sara ia relembrando e juntando os pedaços evolutivos de cada escolha e de cada encarnação vivida. Somos eternos diante da evolução e responsáveis por tudo de bom ou tudo de ruim que possa vir a nos acontecer. Cabe a cada um de nós sermos conscientes de nossas escolhas e ter a reatividade correta em cada ação realizada ou sofrida. Agradecer a todo momento, pois mesmo nos períodos ruins somos chamados para o crescimento pessoal. Aí se faz o grande Amor Incondicional para todos nós, ofertado pelo grande criador dessa dimensão espiritual e evolutiva.

Terminando o processo, Sara é retirada da poltrona com ajuda de Alberto e, chorando muito, ela se vira para mim:

– Ricardo, estamos há muito tempo nesse vaivém de escolhas mal realizadas, com consequências tristes para as nossas vidas. Me perdoe, não quero mais isso para mim.

– Sara, minha querida, não se desculpe, todos erramos, e se agora podemos juntar os pedaços de tudo é justamente por termos a capacidade de resolvermos e harmonizarmos nossas vidas. Você é muito cara para mim, eu a estimo há muito tempo e seja lá o que estiver destinado para nós, agradeço pela vida ter nos aproximado. E hoje eu sinto que iremos mudar nossas histórias para sempre.

– Suas intuições estão certas – interveio Alberto. – Quando há a possibilidade de juntar as várias encarnações para daí tirar a resposta e o próximo passo a ser dado, significa que o espírito já está em condições de tomar as rédeas de sua existência. Começa a sair de um nível infantil e automático de vida para um nível mais consciente. De coadjuvante se torna o ator principal de sua vida, caminhando para um período aberto de ajustes e aprendizados, que só possível com o início do despertar pessoal. É isso, Sara, seja bem-vinda à sua vida! E aproveite cada instante que ela lhe trará, bom ou ruim, pois somente a evolução é a grande chave para a abertura da porta e saída desse ciclo de harmonização espiritual.

Sara abraça fortemente Alberto, algo nela havia despertado, algo do passado, era possível sentir, uma energia de amor que estava guardada e trancada atrás de uma larga placa de sofrimento, que acabara de ser destruída naquele lugar.

– Vamos, Ricardo, mostre-me o resto da cidade, estou curiosa. Alberto, obrigado, não tenho palavras para agradecê-lo por tudo isso que estou sentindo. Agora entendo, fico ainda meio triste por tantos caminhos escuros tomados, mas me sinto firme para seguir com minha vida e melhorar a cada dia mais.

– E você irá, minha irmã, todos nós temos um propósito em nossa evolução e você irá descobrir o seu. Tenho certeza disso.

Saímos e, voltando à Avenida Central, fui me adiantando.

– Sara, vamos aos sete vértices para conhecer a todos; também quero que você conheça outro grande amigo meu, o Amon, alma gêmea da Márcia, um grande Guardião do Sétimo Vértice.

E, assim, fomos caminhando pela cidade, e Sara a todo instante mostrava sinais de espanto e admiração pelo que estava se descortinando sobre seus olhos.

Chegando perto da casa de Amon, Sara não conseguia olhar somente para um lugar.

– Ricardo! Quanta coisa diferente e ao mesmo tempo impossível de acreditar, que lugar lindo!

– Sim, o Sétimo Vértice é um dos meus preferidos, tudo aqui exprime alegria, dinamismo, rapidez.

– As construções são lindas!

– Olhe, ali é a casa de Amon e Márcia, vamos lá.

Ao entrarmos, Márcia veio ao nosso encontro e abraçou Sara.

– Olá, Sara! Que bom que já está andando pela cidade! Você vai adorar tudo aqui.

– Já estou, Márcia! Esta cidade me deixa muito em paz, apesar de tudo que vivi.

Nisso, Amon também se aproxima.

– Calma, irmã, não se julgue nem se cobre demais! Todos cometemos equívocos em nossa caminhada evolutiva, faz parte de nosso próprio crescimento; eu mesmo já errei muito, mas aprendi demais com esses erros, e me tornei o que sou hoje por superá-los. Aliás, muito prazer, sou Amon!

– Ah, sim, Ricardo havia me falado sobre você! Essa casa é sua?

– Sim, e também sua, você é bem-vinda aqui sempre que quiser; nós somos todos uma família espiritual, ligados por laços do passado, e estava faltando você, irmã.

Sara fica meio encabulada, mas agradece pelas palavras.

– Gente, me desculpem, mas agora vou levar Sara rapidamente para conhecer os vértices da nossa cidade.

– Leve sim, Ricardo. E Sara, mantenha sua mente aberta, pois há muito o que aprender aqui! – disse Amon, dando um abraço de despedida em nós.

E, assim, voltamos em sentido ao Vértice Central.

– Sara, vamos até o Círculo de Evolução, fica ali no Primeiro Vértice, onde está aquela luz violeta intensa.

E fomos caminhando enquanto explicava como a cidade funcionava.

Entramos no Círculo de Evolução, e logo avisto Carlos.

– Carlos, olá, meu irmão! Esta é Sara!

Ele me ouve chamá-lo e vem flutuando em nossa direção.

– Muito prazer! Então você é a Sara de quem tanto ouvimos falar! Sou Carlos Henrique, mestre do Círculo.

– Acho que sou, muito prazer, obrigada por me receber.

– Imagina, Ricardo é um grande irmão e trabalhador deste vértice, há muito estávamos ansiosos para conhecê-la. O que precisar estarei à disposição.

– Obrigada novamente – disse Sara enquanto olhava o ambiente.

– Aqui é muito bom, traz a energia primária da evolução.

– Realmente percebi que aqui dentro é diferente de quando estava andando pela cidade.

– Sim, e cada vértice possui suas qualidades magnéticas próprias, isso você irá conhecer.

Interrompi a conversa dos dois.

– Carlos, se me permite, irei levar Sara para conhecer os demais vértices.

– Ah, sim, Ricardo! Fiquem à vontade, e Sara, venha nos visitar quando quiser, será um prazer para nós.

– Obrigada, Carlos.

E assim, saímos em direção ao Vértice do Amor.

– Ricardo, todos são extremamente educados dessa forma?

– Olhe, Sara, aqui, como você já pode constatar, há espíritos humanos, humanoides e mesmo fora do que compreendemos na Terra, além dos elementais, que estão por toda parte. Mas cada um possui uma forma única de ser, eles vibram em harmonia com o vértice ao qual pertençam, o que lhes dá características únicas. Os espíritos humanos sempre terão comportamentos com um certo padrão da forma como conhecemos a socialização, outros, são um pouco diferentes, mas todos em total respeito com a cidade e seus moradores.

– Entendi, realmente é tudo muito novo para mim, mas irei me acostumar.

E vi no semblante de Sara uma alegria que há tempos não presenciara. Isso me encheu de ânimo, pois sabia que os rumos seriam diferentes e muito melhores para todos nós.

E assim fui apresentando os vértices principais e seus secundários; chegando perto do vértice da vida, Sara para e olha fixamente para a construção principal.

– Ricardo, sinto como se algo me chamasse para dentro desse local, algo muito forte, um anseio que me obriga a querer estar lá dentro.

– Sim, mas vamos com calma, provavelmente sua alma entrou em ressonância com esse vértice, mas deixe o futuro lhe mostrar. Hoje você está apenas conhecendo, lembra? Um passo por vez, você acabou de sair da ala de restauração.

– Tudo bem, confio em você.

– Fique tranquila, acredite, tudo irá se esclarecer com o tempo, foi assim para mim. Bom, vamos conhecer os demais e depois retornaremos à casa de Amon.

E, assim, fui apresentando as belezas e particularidades de cada vértice para Sara, que se divertia e se espantava com as novidades. E em um momento meu pensamento foi em direção à energia ancestral que me ancora, e emocionado, somente agradeci.

Capítulo 18

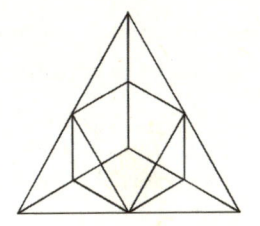

Epílogo – Novos Horizontes

No dia seguinte, após a apresentação inicial da cidade, eu sou chamado mentalmente pelo irmão Carlos Henrique.

– Sara, por favor, vá até a Márcia, que estou sendo chamado no Círculo, vou lá ver o que eles precisam.

– Sem problemas, Ricardo, vou só dar mais uma passada no Segundo Vértice, pois adorei aquele lugar; vou chamar Márcia para ver se ela pode ir comigo.

– Volto logo mais – sorri me despedindo, indo em direção ao Primeiro Vértice.

Assim que entrei encontro Carlos Henrique, juntamente com Olavo, outro irmão do Círculo.

– Olá, Ricardo, obrigado por ter vindo tão rapidamente.

– Não há de quê, Carlos, estarei sempre à disposição de vocês.

– Eu sei, mas o chamamos porque você já passou o período de ambientação à cidade, e diante dos acontecimentos de sua vida, queremos lhe oferecer a oportunidade de começar a trabalhar para o seu crescimento. Nosso amigo Olavo é um dos que trabalha diretamente na iniciação do mestrado no Vértice de Evolução e está na sua hora, pois você está pronto. Lógico, se assim desejar.

Meus olhos brilharam com a novidade.

– Quero! Quero muito, Carlos; aliás, preciso. Dentro de mim algo pulsa como a me chamar para algo maior, um sentimento que já começa a me angustiar, pois não conseguia visualizar o que era. Agora entendo, esse será meu recomeço.

– Sim, Ricardo, esse chamamento, como você diz, nada mais é do que seu Eu Superior sendo tocado pelas esferas mais sutis. Ele pressente a ligação energética e acaba se movimentando magneticamente para que as mudanças necessárias comecem a ser concretizadas, para que o acesso e a ligação aos planos superiores possam acontecer de fato. É o que chamamos de alinhamento evolucional.

– Pois bem, se esse alinhamento está se iniciando, estou a cargo de vocês. Quero e preciso aprender e estarei disposto ao que tenham para me oferecer.

– Muito bem – disse Olavo. – Iremos então até o Salão Central da Evolução, lá no vértice. Lá você irá passar pelos processos necessários e irá aprender o que é preciso.

Nós nos dirigimos até o Primeiro Vértice e, lá entrando, estavam os Senhores da Evolução. Assim que entrei, Olavo disse:

– A partir de agora, você fará parte dessa grande família espiritual; o Senhor da Evolução irá iniciá-lo.

Todo o ambiente começou a vibrar, emitindo um som grave que eu consegui somente entender com "OM". Mas não era som, era vibração, e essa vibração era percebida por meu corpo.

O Senhor da Evolução veio até mim e retirou o capuz, fazendo com que sumisse aquela imagem do Universo que via no lugar do rosto, fazendo surgir um rosto humano-angelical, que me transmitia uma paz e segurança indescritíveis, mas seus olhos ainda tinham como fundo o Universo. Ele sorriu para mim e disse:

– Ricardo, prepare-se, cada um tem uma reação ao despertar, mas se você está aqui é porque seu espírito pode e aguentará passar por esse processo.

Mal ele acabou de falar, tocou minha fronte... bom, tentarei descrever o que aconteceu comigo nesse instante, mas posso lhe garantir que é impossível de passar para as palavras a totalidade da experiência.

Meu corpo começou a tremer, e fui me desfragmentando, isso mesmo, já não era mais eu, não tinha um corpo, nem cordão, nem nada. Era consciência, quebrada em milhares de pedaços, e cada um conectado ao mesmo tempo. No mesmo instante eu estava ali, eu estava na Terra, eu estava no umbral vendo o sofrimento de seres, estava em áreas de elevada expressão espiritual, seres de luz, sem forma, andavam para todo o lado, estava em outras dimensões, lugares de descrição complicada, mas era como se um universo à parte repleto de seres de uma mesma espécie, vi surgindo e sendo levado para outras dimensões. E uma parte de mim tocou aquela energia cósmica inteligente.

– Olá, Ricardo, sou a própria Evolução dentro da Criação no plano de evolução humana. Você, a partir de hoje, estará em contato vivo comigo; esqueça seu ser anterior, a partir de hoje você se tornará uno com a Evolução e estaremos unidos diante da Criação, assim como aconteceu com o Ser Ancestral, que você já conhece, e que o despertou.

Aquela energia vibrava intensamente em mim. Ela era tudo, uma força vital e magnética que eu conseguia ver e tocar, e absorvi todo aquele magnetismo no mesmo instante, tornando-me um com aquela expressão divina.

– A partir de agora, você também faz parte da Evolução Maior dos Seres.

Após ele terminar de falar, senti um forte tranco e todos os meus "eus" foram puxados de volta ao Vértice de Evolução. E lá estava reconstruído, ser espiritual novamente, com um corpo.

Abro os olhos e vejo o Senhor da Evolução sorrindo.

– Muito bem, Ricardo, estou feliz que tenha atingido tal grau em sua escalada evolutiva. Você esteve em contato com uma expressão da Criação, um dos senhores divinos que cuidam da evolução de todos os seres que entram em processo encarnatório. A partir de hoje você é um Mestre Espiritual, seja bem-vindo, irmão.

Senti algo quente em minha nuca e em minha testa.

O Senhor da Evolução pede licença, coloca o capuz, voltando a assumir a imagem do Universo em seu interior, e vai ao encontro dos demais senhores.

Olavo e Carlos estavam do meu lado e me abraçam.

– Parabéns, agora sim você é um Mestre Espiritual – disse Carlos.

– Sim, mas tudo inicial, o que você sentiu, Ricardo? – perguntou Olavo.

Expliquei para eles, que me olhavam com felicidade e espanto.

– Muito bem, agora precisamos conversar sobre sua harmonização espiritual. Estamos estudando a possibilidade de Sara encarnar e assim voltar como uma trabalhadora da luz. Será uma médium ostensiva, e você será o guia-chefe de trabalho dela. O que você acha?

– Meu Deus, Carlos, jamais imaginei que seria tão rápido.

– Sim, vocês estão prontos; além do que, Loman também estará com você nessa tarefa, vocês três estarão envolvidos diretamente.

– Nossa, irei trabalhar com meu irmão? – indaguei profundamente grato. – Mas tenho o preparo suficiente para tal tarefa?

– Não, ainda não – respondeu Olavo. – Mas você irá aprender aqui e, quando terminar o aprendizado, irá para uma colônia espiritual ligada a esta cidade, de forte expressão no plano terreno. Aliás, você e Loman irão aprender lá, pois se trata de uma colônia-escola.

– Quero e aceito, e acredito que Loman também irá aceitar.

– Sim, vocês possuem uma ligação de criação divina, diferente das demais, que é somente cármica. Vocês dois são irmãos espirituais no momento da geração – disse Carlos.

– Bom, meus irmãos, eu aceito a tarefa e quero muito aprender.

– Ótimo, iremos falar com Sara e com Loman, e amanhã mesmo iniciaremos seu aprendizado aqui. Sara e Loman irão amanhã para a colônia-escola, e você irá logo mais.

– Aliás, Carlos, qual o nome dessa colônia-escola em que iremos aprender?

– Chama-se ARUANDA.